연극치료의 원리

Stephen Finis Austin 저 | **박미리 · 윤선희** 공역

PRINCIPLES OF DRAMA-THERAPY

학지사

Principles of Drama-Therapy
by Stephen Finis Austin

역자 서문

"무대가 세계요, 세상은 사람입니다."

1917년! 아직 연극치료라는 말조차 낯설기만 하였던 그때 발간된 이 책을 발견하고는 놀랍다 못해 어리둥절하였습니다. 왜냐하면 서양에서 연극치료가 새롭게 시작한 시기는 1960~1970년대라고 알려져 있었으니까요. 미국의 경우 연극치료의 시초를 모레노의 사이코드라마로 꼽기도 하지만, 대부분 20세기 후반부에 접어들면서 교육연극과 함께 태동하였다고 보는 시각이 일반적입니다. 하물며 우리나라에서는 2000년대에 이르러서야 새로운 학문으로 정착되기 시작하였습니다.

그런데 무려 100여 년 전에 '연극치료'라는 용어를 제목으로 내세운 저서가 출판된 것입니다. 미국의 한 청년이 쓴 이 책은 우리가 알고 있던 연극치료의 역사를 1세기 가까이 끌어 올렸을 뿐만 아니라, 그 내용 또한 지금의 우리가 고민하고 있는 내용을 포괄하고 있다는 점에서 경이 그 자체였습니다.

더구나 그는 지금도 연극치료와 깊이 연관된 심리학을 비롯하여 당시 의학 분야에서 널리 활용되었던 최면술, 생물학, 물리학 등을 동원하여 연극치료의 본질을 밝혀내고자 하였습니다. 그 결과 연극치료는 인간의 삶과 그를 둘러싼 세계와 관련된 학문이며, 각각의 영역을 이루는 기본 구조에서 상당한 유사성이 있다는 점이 드러나게 되었습니다. 그것은 결국 인간 개체 및 이 세계가 우주의 법칙과 같은 하나의 보편적 원리로 움직이고 있음을 우리에게 일깨워 줍니다.

이처럼 가장 작은 세포로부터 시작하여 거대한 우주로, 다시 인간에게로 집중하는 저자의 순환적이고 통합적인 시도는 '연극치료'라는 용어의 정체성을 그대로 대변합니다. 연극은 '예술'이며 치료는 '과학'으로 구성되어 있으니까요. 그는 관객과 무대의 관계에 천착하여, 연극치료가 과학적 탐구의 결과와 일치함을 논증하고자 합니다.

그런데 놀랍게도 이것은 또한 장자가 말한 물질세계와 정신세계가 어울려 하나가 되는 물아일체 사상과도 연결됩니다. 여기에서 우리는 저자의 시각이 매우 진취적일 뿐만 아니라 지구 반대편에서 살아가고 있는 지금-여기의 우리에게도 이미 연결되어 있을 정도로 시공을 초월하여 이 세상과 우주를, 삶과 사람을 꿰뚫고 있음을 확인합니다. 그 안에서 보편적 실재를 무한히 발견하는 것, 그것이 우리를 살게 하는 힘이라는 저자의 주장은 번역 과정 내내 우리를 설레게 하였습니다.

저자는 연극치료가 출발하는 시기, 이 학문의 체계를 세우기 위해 기존의 여러 학문을 아우르며 하나하나 궤를 맞추어 갑니다. 그런 만큼 익숙하지 않은 용어와 내용이 우리의 상식을 벗어나는 일도 많았습니다. 이것이 학문의 출발을 위해 이루어질 수밖에 없는 필연적 과정임을 알면서, 우리는 발견과 깨달음의 기쁨을 느낄 수 있었습니다. 읽어 보면서 당연히 알겠지만 이해의 편의를 위하여 간략하게 그 내용을 정리하고자 합니다.

저자에 따르면 연극치료는 단순히 꿈꾸는 것이 아닙니다. 치료는 '알아차림으로써 변화하는 것'을 의미하는데, 알아차리기 위해서는 창조성이 필요하며, 변화하기 위해서는 그 창조성을 받아들이고 그에 따라 행동하는 수용과 실행이 이루어져야 합니다. 이것이 그가 말하는 성격의 3요인, 즉 창조하는 역할과 수용하는 역할, 실행하는 역할입니다. 그는 연극 구조 전체를 아우르며 이들이 역동을 일으키기 위해서는 등장인물로부터 시작하여 그가 처한 환경으로, 다시 배경과 자연으로 영역이 확장되어야 한다고 말합니다.

1장에서는 연극의 근본적 요소인 성격에 주목하여 성격의 요인과 개념을 정립하고, 먼저 성격을 창의적 요소, 심리적 요소, 물질적 요소 세 가지로 정의한 후 삶을 이 세 가지 구성 요소 사이에서 일어나는 상호작용으로 봅니다. 2장에서는 성격의 복합적 구조를 세포의 발생과 최면술의 치료구조와 연관한 다음, 각 요소의 역할과 관계에 대하여 살펴보고 이를 운영자와 국민이라는 인물로 형상화합니다. 3장에서는 형상화된 인물인 운영자와 국민의 상호작용을 설명합니다. 4장에서는 심리적 요소가 신체에 어떤 영향을 끼치는지 알아보고, 마음속 구조에 긍정적 개념을 심어 줄 때 보편적인, 즉 신적인 개념에 도달할 수 있으며 이는 곧 우울한 상태의 회복을 뜻하는 것으로 봅니다. 5장에서는 긍정적 개념이 의식에 영향을 주어 기억력, 신체 움직임 등의 기능까지 변화시킬 수 있음을 말하는데, 이것은 사람이 의식 속에 갖는 기본 개념이 무엇이냐에 따라 인간의 모든 활동, 사고, 의식이 변화할 수 있다는 점에서 다분히 회복과 관련됩니다.

6장부터는 본격적으로 무대를 연극으로 옮겨 극장을 하나의 인격체로 보고 극장을 구성하는 요인인 연출가, 제작자, 배우, 무대, 관객과의 관계를 성격의 요소와 연관 지어 살펴보면서 치료적 연극의 가능성을 엽니다. 7장에서는 치료적 연극의 기본 구조로 긍정적 발달을 제시하는 희극을 통해, 그 구조에 따라 극에서 등장인물이 긍정적 개념을 획득하여 성장하는 과정을 보여 줍니다. 8장에서는 치료적 연극의 작가가 역할에 반드시 부여해야 할 정신 과정으로 부정적 장면의 이중 구조를 제시하는데, 부정적 개념은 우리를 우울한 상태에 이르게 하지만 그것을 제거할 수 있을 때 긍정적 상태에 도달하여 성장할 수 있기 때문입니다. 이는 보편적 실재, 즉 신적 개념이 이미 존재하며, 이러한 요소가 완전한 일반화에 이를 때 치료적 연극이 가능하다는 것을 뜻합니다. 9장에서는 희곡 자체를 인물로 형상화하여 보편적 실재가 과연 무엇인지 다루면서 작가는 등장인물을 통하여 그 연관성을 이끌어 내고, 이를 그 인물뿐 아니라 그를 둘러싼 환경으로 더욱 확장하여 적용해야 함을 설명합니다.

10장에서는 다시 연극 안에서 성격의 요소들을 일반화하는 것을 명확히 하고 이것이 어떻게 무대, 즉 배경에서 재현되는지 살펴보면서 치료적 연극의 종합 구조를 제시합니다. 11장에서는 지금까지의 논지를 간략히 정리하여 '극적 선택의 법칙'을 제시하는데, 이는 곧 연극의 최종 발전 단계가 '치료적 연극', 즉 연극치료임을 밝히는 것입니다. 마지막으로, 저자는 소논문 '물질에 관한 원자, 미립자 및 전자 이론'을 통하여 물리학의 발전 과정을 설명하는 한편, 이 책 전반에 걸친 이론적 전개에 대한 학문적 근거를 제시합니다.

오늘날에도 여전히 연극치료는 그 과학적 근본을 증명하기 위하여 부단히 노력하고 있습니다. 그러나 연극치료의 근본이자 가장 중심이 되는 뿌리는 바로 '연극'에 있다는 단순한 사실을 잊지 말아야 할 것입니다. 저자는 이 단순하고도 분명한 명제를 일깨워 주면서 연극의 종착점이 바로 연극치료라고 선언합니다. 그가 말한 대로 무대가 세계이고, 세상은 사람인 것입니다.

연극치료는 아직까지도 생소한 영역입니다. 그래서 이를 처음 접하는 사람들은 거의 대부분 "연극치료란 무엇인가요?"라고 묻습니다. 그런데 이 질문은 두 가지로 생각해 볼 수 있습니다. 하나는 연극치료란 '어떤 학문인가?'에 대한 것이고, 다른 하나는 치료 과정이 실제로 '어떻게 이루어지는가?'입니다. 이 책은 한마디로 그 두 가지 질문에 대해 가장 원초적이자 명료한 답을 제시하고 있습니다.

저자에 관한 정보는 찾기가 쉽지 않았습니다. 출판된 것으로 확인된 저서는 이 책이 유일하며, 그에 대한 기록 역시 이름 외에는 알려진 바가 없었습니다. 우리가 고생 끝에 찾아낸 그의 정보는 그가 1889년에 태어났다는 것, 따라서 그가 이 책을 출판하였을 때에는 고작 28세의 청년이었다는 것입니다. 그러므로 과학심리학이 태동하던 당시, 한 젊은 연극예술가가 누구보다도 먼저 연극치료라는 용어를 제안하고 그 과학적 원리를 밝히고자 하였다는 데 감동하지 않을 수 없었습니다.

'번역은 반역'이라는 말이 있듯이 서로 다른 언어의 한계는 언제나 존재합니다. 그러나 우리는 우리의 문화와 사고에 입각하여 저자의 생생한 연구를 전달하고자 부단히 노력하였습니다. 그럼에도 미처 전달되지 못한 부분이 있다면 그것은 역자들의 한계일 것입니다.

항상 연극치료에 지대한 관심과 도움을 주시며 쉽지 않은 이 책의 출판을 기꺼이 맡아 주신 학지사 김진환 사장님 그리고 복잡한 교열 과정을 꼼꼼히 보완해 주신 편집부 조은별 선생님에게도 깊이 감사드립니다. 무엇보다 일찍이 연극치료에 대해 새로운 방향을 제시한 선구자 Stephen Finis Austin에게 무한한 감사를 보내며, 앞으로 연극치료가 가야 할 길은 다양한 학문과의 연계를 통한 심도 깊은 고찰과 함께 연극이라는 본질의 중요성을 잊지 말아야 한다는 것을 새삼 다짐합니다.

2023년의 새봄을 맞이하며
역자 박미리, 윤선희

일러두기

- 머리말 및 본문의 원문에서 art는 기술과 예술의 두 가지 의미를 다 가지고 있다고 볼 수 있으므로, 심리치료 분야에서는 '기술'로, 연극치료 분야에서는 '예술'로 번역하였다.
- 각 장의 마지막에 삽입된 '더 알아보기'의 내용은 독자의 이해도를 높이기 위해 역자가 본문에서 언급된 내용을 보충하거나 관련 정보를 정리한 것이다.
- 원문에서 이탤릭체로 표기된 내용은 모두 작은따옴표(' ')로 표기하였다.
- **보편적 실재**는 이 책의 핵심 용어이므로 고딕체로 표기하였다.
- 7, 8, 10장에 수록된 그래프는 저자가 제목을 기입하지 않았으나 독자의 이해를 돕기 위해 역자가 본문의 내용을 토대로 정하였고, 역주(*)로 보충 설명하였다.

머리말

사실 이 주제를 다루고자 하면서 어떻게 써 나갈 것인지 난감하였습니다. 이와 관련된 개념들은 이제 막 생기기 시작하고 있을 뿐만 아니라 일반 독자에게 설명할 수 있는 실제 사례가 거의 없으니까요. 또한 이 책에서는 상당 부분 모호한 추론이 펼쳐지기 때문에 먼저 용어의 정의에 대해 질문을 던지는 것이 바람직하리라 생각합니다. 과연 '연극치료'란 무엇일까요?

치료는 치유 또는 병을 고치는 것을 의미하는 그리스어에서 파생되었으며, 오늘날에는 치유의 기술 또는 과학을 뜻합니다. 그것은 대부분 다소 제한적인 용어인 심리치료와 관련하여 사용됩니다. 심리치료에서 심리는 그리스어 '영혼'에서 파생된 말입니다. 그래서 심리치료란 영혼 치유의 기술 또는 과학, 더 정확하게는 영혼을 도구나 수단으로 하여 마음을 치유하는 기술이나 과학을 의미합니다. 심리치료는 오늘날 의료 임상에서 인정받는 분야로서, 여러 대형 병원에서 사용되고 있습니다.

저는 단어 유추에 의해 새로운 개념을 아우르는 단어를 만들고자 하였고, 최상의 선택으로 '연극치료'라는 말을 제안합니다. 그것은 연극 혹은 극적 표현을 수단이나 도구로 사용하여 치유하는 예술 또는 과학을 의미합니다.

이 책을 통해 저는 관객과 무대 사이에 존재하는 관계에 주목하고자 합니다. 이를 주의 깊게 살펴보면 연극치료와 같은 예술 또는 과학은 그저 꿈만 꾸는 정도의 것이 아님을 알 수 있습니다. 그 관계 안에서 저는 주제에 관한 세부 사항들을 명료하게, 그리고 과학적 탐구 결과와 일치하는 것으로 다룰 것입니다. 여러분이 이 책을 읽으면서 선입견에 의한 왜곡 없이 주의 깊게 논증을 따라간다면, 치유 연극(curative drama)이 현재의 가능성일 뿐만 아니라 기존 법칙 적용의 확대 자체를 전제함을 알게 될 것입니다. 또한 무대 매체를 통한 확대 적용과 마찬가지로, 이러한 법칙 자체도 매우 단순하며 이해할 수 있음을 알게 될 것입니다. 만약 이 발견이 타당한 것이라면, 그리고 가장 경미한 걸림돌이라도 개선하는 것이 저자의 몫이라면, 연극치료라는 주제는 극작가 및 연극과 관련된 모든 분야뿐만 아니라 일반 대중에게도 가장 중요한 것이 분명합니다.

이와 같은 이유로 이 책의 내용에 사려 깊은 관심을 가져 주시기 부탁드리는 바입니다.

머리말을 마치기 전에 한 가지 더 말씀드리고 싶습니다. 이 책을 계기로 몇몇 작가가 여기에서 밝힌 목표를 위해 함께 작업하기 시작하였습니다. 동일한 목적과 이상으로 모인 우리는 책을 쓰고 출판함에 있어 실질적으로 협력하기 위해 '소페림'이라는 이름의 문학 단체를 결성하였습니다. 이 책에서 다루는 목표에 관심이 있는 분이라면 작가이건 다른 분야에 속하건 상관없이 창의적인 여러분 모두를 기꺼이 초대합니다.

저자

뉴욕에서

1917년 1월 1일

차례

01

성격의 요인

최근 들어 연극과 관련된 내용의 저서가 엄청나게 많이 쏟아지고 있다. 그런데 그중에서 인간의 성격 그 자체에 집중하여 집필한 저자는 극히 드물다. 성격 묘사가 연극 예술의 근본 요소이며 주요 목표임에도 불구하고 말이다. 따라서 이러한 본질적 오류를 피하기 위해, 이 책은 성격에 대해 다음과 같이 간략하게 언급하면서 시작하고자 한다.

먼저, 개인에게 나타나는 성격의 요인 그리고 집단에서 나타나는 성격의 요인을 알아본 다음, 성격의 개념을 명확하게 정립하고 이를 극적 구성에 실제로 어떻게 적용할지 살펴볼 것이다. 이렇게 접근한다면 앞으로 드라마투르기 법칙에 대한 논의가 가장 흥미로운 분야로 부상할지도 모른다.

일반적으로 우리는 인간의 성격이 몸과 마음으로 구성된 것이라 정의한다. 이는 나무랄 데 없이 완벽해 보이지만, 깊이 없는 피상적인 내용에 불과하다. 그러므로 성격의 두 가지 구성 요소인 몸과 마음에 대해 더 깊이 살펴볼 필요가 있다.

사실, 몸에 대해서는 비교적 수월하게 연구할 수 있었기 때문에 오늘날 우리는 해부학과 생리학 교재 등을 통해서 신체 구성과 구조 및 기능을 눈으로 보고 알 수 있다. 그리고 신체의 여러 조직을 화학 분석한 결과 역시 동일하게 나타난다. 즉, 몸은 다양한 범주의 조직으로 구성된 수많은 물질로 이루어져 있다는 것이다. 특이하게도 지난 10년간 물질에 대한 관점이 가장 결정적인 변화를 겪었음에도 불구하고(자세한 내용은 '더 알아보기'의 ① 참조), 물질이 몸의 조직에서 기본적인 요소를 이루고 있다는 사실은 여전히 변함없다.

다음으로, 과학자들은 심리학 분야에서 지난 125년간('더 알아보기'의 ② 참조) 성격의 두 번째 구성 요소인 마음에 대해 유사한 연구를 진행하였는데, 조사 결과는 한결같았다. 즉, 마음은 두 가지 기본 요소로 구성되며, 각각의 요소는 그 이상의 분석이 불가능하다는 것이다. 이러한 결론은 다음과 같은 방식으로 도출되었다.

그들이 관찰한 바에 따르면, 마음은 정상적인 상태에서 '귀납적' 그리고 '연역적' 추론을 둘 다 할 수 있었다. 하지만 비정상적인 상태에서는 귀납적 능력이 사라지고 연역적인 것만 남거나 혹은 마음의 일부분만이 활성화되었다.

연역적 추론은 순수한 삼단논법으로, 주어진 전제로부터 출발하여 왜 그러한 결론이 나올 수밖에 없는지 밝혀 준다. 만약 전제 가운데 일부 혹은 전체가 거짓이라면 결론 또한 불합리하고 잘못된 것이 도출된다. 그러나 전제에서 오류를 발견하는 것은 연역법의 영역이 아니다.

반면, 귀납적 추론은 수많은 개별 사실을 비교하여 종국에는 모든 것에 포함되는 공통 요인을 끄집어낸다. 따라서 이것은 주어진 전제로부터 논리적 결론을 끌어내는 것보다는 전제 자체의 진실을 선택하고 결정하는 것과 관련된다.

이 두 가지 대립되는 정신 활동 방식을 주의 깊게 살펴보면, 귀납적 추론이 사고 기관에서 완전히 독립하여 이루어지는 행위의 힘을 의미함을 알게 될 것이다. 이때 독립적 행위의 힘이라는 말은, 다시 말해 선택의 힘과 '인과관계를 연속적으로 만들 수 있는' 능력을 가리킨다. 그러므로 각각의 성격을 구별하는 요소는 그 자체의 '선택하고 창안할 수 있는' 능력이라는 사실을 추론할 수 있다.

이에 반해 연역적 추론은 독립적 행위의 힘을 의미하지 않는다. 실제로 연역법은 어떤 전제가 선택되기 전에는 시작할 수 없다. 따라서 이러한 방식으로만 추론하는 마음의 요소는 창의적인 요소와 동일한 것이 아니라 도리어 그것의 존재와 행위를 전제로 한다.

그러므로 인간의 성격에 대한 초기 정의는 수정되어야만 한다. 성격은 단지 몸과 마음으로 구성된 것이 아니다. 그것은 창의적 요소, 연역적 요소 그리고 물질적 요소 등 세 가지로 구성되어 있다('더 알아보기'의 ③ 참조).

성격의 창의적 구성원에 대한 모든 것은 그것이 개인의 의식적인 능력을 통해 나타나는 행동을 관찰함으로써 알 수 있다. 이는 귀납과 연역의 두 방식으로 추론이 가능하기 때문에 성격 자체와 마찬가지로 창의적 구성원과 연역적 구성원의 복합체라는 종합적 산물로 나타난다. 이 두 요인은 신체 도구인 뇌를 통해 동시에 기능한다. 의식적 혹은 객관적 능력과 뇌 사이의 연관성은 극도로 긴밀하다. 따라서 뇌의 상태는 언제든지 의식적이거나 객관적인 능력을 조절한다.

다행스럽게도 성격의 두 번째 구성원을 알아보는 것은 훨씬 더 용이하다. 앞서 언급하였듯이 비정상적인 상태에서는 창의적 힘이 모두 사라지고 연역적인 마음 혹은 그 일부만이 남아 위세를 떨친다. 이러한 상황이 발생하면 그 기능과 효과를 가장 명확하게 관찰할 수 있다. 심리학자들은 바로 이 마음 혹은 그 일부를 '잠재적' 혹은 '주관적'이라고 명명하였다. 그것은 최면 상태에서 활발해지며, 심지어 최면 현상을 일으키기도 한다. 여기서 주목해야 할 것은 주관적인 마음이 결코 뇌에 의존하지 않고, 몸 전반에 걸쳐 골고루 작용하는 것처럼 보인다는 점이다.

최면 현상은 종류가 매우 다양한데다가 어떤 것은 실제로 놀랍도록 선명하다. 그런데 모든 최면 현상은 다음과 같은 공통점이 있다. 즉, 최면은 어떤 심리적 요소가 시발점이 되어 발생하며, 그 요소는 선택과 창의의 힘을 지닌 근본에서 비롯되는 전제와 일치한다는 사실이다. 이따금 그 전제가 개인의 의식적 능력에서 나오기도 하는데, 이 경우에는 결과적으로 '자기 최면' 혹은 '자기 암시'에 의해 유도된 것이라고 할 수 있다. 혹은 그 전제가 다른 사람의 의식적인 능력에서 비롯될 수도 있는데, 이 경우에는 결과적으로 단순히 '암시'에 의해 유도되었다고 할 수 있으며, 이는 '최면술'로 구분해야 한다.

그렇다고 해서 이것은 주관적 요소가 반응하는 충동이 오로지 개개인 혹은 다른 사람의 객관적인 능력에서 비롯된다는 것을 의미하지는 않는다. 그렇게 되면 창의적 요소의 작용을 의식 영역으로 제한하기 때문이다. 그것은 단순히 창의적 충동이 객관적인 경로를 통해 오는 경우가 '빈번하게' 있다는 것을 의미한다. 그럴 경우에 충동은 개념이나 신념의 형태로 나타난다.

이를 종합해 보면, 심리적이거나 주관적인 요소는 전적으로 창의적 요소의 통제하에 있다는 것이 명백해진다. 사실, 바로 이것이 '주관적'이라는 용어가 암시하는 것이다. 주관적이라는 말은 그 자체로는 무기력하고 움직임이 없다가 그것과 관련된 것이 작동할 때 활성화된다. 일단 움직임이 시작되고 필요한 전제—충동이 의식적인 경로를 거쳐 개념이나 신념의 형태로 나타나는—가 충족되면, 그것은 연역적으로 작용하여 가장 엄격한 논리적 결과를 이끌어 내게 된다. 이렇게 되면 그 힘은 거의 무제한적이다. 심리적 요소는 이처럼 본질적으로 수용하고 실행하는 본성을 지니며, 창의적 요소가 선택한 전제의 속성에 따라 그 행동 방식이 결정된다.

그러나 최면 현상을 좀 더 세심하게 관찰하면 이보다 더 많은 것을 알 수 있다. 즉, 창의적 요소와 심리적 요소의 관계는 심리적 요소와 성격의 세 번째 요소인 몸 사이에 존재하는 관계와 완벽하게 일치한다는 것이다. 이처럼 몸과 심리적 요소 간에 있는 결정적 관계는 심리치료와 정신 분석을 가능하게 하고, 더 나아가 모든 종교적 치유 현상을 설명한다. 그 방법과 범위에 대해서는 추후 더 설명할 것이다.

이제 인간 성격의 정의를 또다시 수정할 필요가 있다. 그것은 마치 세 용어(창의적 요소, 심리적 요소, 물질적 요소)의 수학적 비율과도 같이, 심리적 요소가 다른 두 요소와 극과 극의 평균 관계를 맺는다는 것이다. 이를 x, y, z로 표기하면 x의 y에 대한 관계는 y의 z에 대한 관계와 같다는 것으로, 간단히 $x:y = y:z$로 표현할 수 있다. 이 공식을 이해하면 다음의 내용 역시 명확해진다.

지금까지 보았듯이 세 가지 요소가 성격을 구성하는 것이라면, '삶의 실상(the fact of life)'은 이 세 가지 구성 요소 사이에서 일어나는 상호작용으로 이루어진다는 실질적인 추론을 이끌어 낼 수 있다.

더 알아보기

① 물질에 대한 관점의 변화

1803년 돌턴은 "모든 물질은 더 이상 쪼개지지 않는 입자, 즉 원자로 이루어져 있다."라는 원자설을 제안하였다. 그러나 1895년과 1896년에 엑스선과 방사선이 발견되었고 이를 통해 1897년 톰슨은 만물을 구성하는 기본 입자로서 전자를 발견하였다. 전자의 발견은 원자보다 작은 존재를 실험을 통해 증명하였고 이를 통해 20세기 원자물리학이 발전할 수 있었다. 1905년 아인슈타인은 광양자설을 통하여 빛이 파동과 입자의 성질을 모두 가졌다고 주장하였으며, 이는 빛이 전자기파로 이루어져 있다는 고전물리학을 뒤집는 새로운 발견이었다. 아인슈타인의 광양자설은 후에 양자역학을 통하여 증명되었다. 원자 모형의 변천사는 [그림 1-1]과 같다.

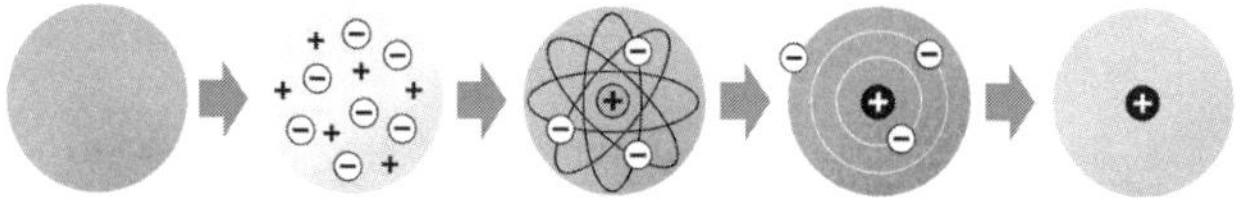

[그림 1-1] **원자 모형의 변천사**

② 마음에 대한 연구의 변화

18세기 후반 프랑스와 독일에서는 낭만주의와 자연철학이 등장하였다. 낭만주의는 인간 내면의 진실에 주목하여 인간 성격의 구성 요소들을 탐색하였다.

이에 따라 인간 정신의 구성 요소는 감각과 관념으로 일반화되었으며, 이는 경험론과 합리론으로 대표된다. 또한 감각은 경험적 측면과 관련되고 이러한 감각을 통하여 관념이 형성되는 것으로 보았다. 따라서 감각은 경험, 감정으로 이루어져 있으며 세계의 현상을 관찰한 사실을 종합하여 새로운 결론을 얻어내는 귀납법과 이어진다. 또한 관념은 이러한 결론을 통하여 가설을 세우고 그것을 검증하는 연역법과 관련되므로 다분히 수행적 양상을 띤다. 연역법의 특성상 가설의 참과 거짓을 구분하지 않으며 논리적 규칙에만 의존하므로, 가설이 거짓이라면 그 결론 역시 거짓일 수 있다. 귀납법은 새로운 지식을 생성하는 데 용이하며, 연역법은 일반적 사실을 검증하는 것으로 새로운 지식을 확장하지는 않는다.

인간과 세계에 대한 관심과 더불어 우주론, 진화론, 의식과 무의식, 원자물리학, 생물학, 해부학 등의 과학 분야가 비약적으로 발전하였다.

따라서 18세기부터 19세기 전반에는 심리 현상을 분석하여 더 이상 분할할 수 없는 궁극적인 요소를 발견하고 이들 요소의 결합에 의하여 모든 심적 현상을 설명하려는 요소심리학 또는 원자주의적 심리학이 나타났다. 대표적 학자는 분트(Wundt)이다. 분트는 순수 감각과 단순 감정을 심리학의 요소라고 보았다. 또한 심리학은, 첫째, 의식 현상을 요소로 분석, 둘째, 요소 간의 상호결합의 양상을 탐지, 셋째, 결합의 법칙을 밝혀야 한다고 주장하였다.

③ 기본 개념, 심리 구조와 몸의 관계

이 장에서 저자는 성격을 다음과 같이 정리한다.

기본 개념(전제) : 심리 구조(실행) = 심리 구조(전제) : 몸(실행)

즉, 기본 개념에 따라 심리 구조가 작동하며, 심리 구조에 따라 몸이 작동 혹은 변화한다는 것이다.

[그림 1-2] **성격의 구성 요소**

02

복합 성격

최면술 또는 현재 최면 상태라고 불리는 것은 창의적 요소와 이를 수용하고 실행하는 요소가 정상적인 상호작용을 하지 못하는 상황에서 일상생활의 도구인 몸을 통해 동시에 기능하는 상태를 의미한다. 이러한 현상은 오히려 다음과 같은 맥락으로 볼 때 더 이해하기 쉬울 것이다. 즉, 운영자인 최면술사는 창의적 구성원의 역할을 수행하고, 최면에 걸린 주인공은 수동적이면서 수용하고 실행하는 구성원의 역할을 담당하는 것이다. 복합 성격은 이처럼 형성되어 신체를 통해 기능하는데, 이때 신체를 도구로 제공한 것은 바로 그들의 집단 지능과 몸이다.

복합 성격은 자연 질서에서 결코 새로운 것이 아니다. 진화론적 가설에 따르면, 생명체의 첫 출현은 분명히 내부에 창의적 요소와 실행적 요소를 모두 포함하는 단일 세포였다고 한다. 여기에서 주목할 것은 번식이 단순히 세포 분열을 통해서 이루어진다는 점이다.

그러나 분열 이후 하나는 창의적 역할을, 다른 것은 수용과 실행의 역할을 맡게 되었다. 그리고 이 두 역할이 제대로 갖춰진 다음에 그것은 각각 남성 세포와 여성 세포가 되었다. 이때부터 번식은 수용적이고 실행하는 여성에 창의적인 남성의 행위가 더하여 완성되는데, 새로운 생명은 일정의 배양 기간을 거친 후 실행하고 형성하는 구성원, 즉 여성 세포로부터 직접 출현하게 된다. 이 단계에서 남성과 여성 세포는 하나로 간주되어 복합 성격을 형성한다. 왜냐하면 그것이 초기 단계의 무성 세포일 때 '내부'에 존재하였던 것과 동일한 요소와 관계를 자체 부분에서 생산하기 때문이다.

그다음에는 남성적 요소와 여성적 요소를 통합한 것과 동일한 생명 충동이 생존을 목적으로 세포들을 군체(群體)로 결합하였다. 이 2차 통합 과정이 완료되었을 때, 세포였던 군체는 개체가 되었다. 발생 과정의 첫 번째 증거는 현존하는 종 중 생물학적 구조에서 가장 아래에 위치한 해면동물 또는 볼복스 글로바토르(Volvox Globator)와 같은 편모충류 원생동물로 나타난다. 이 지점에서는 아직 동물의 생태가 식물과 거의 구분되지 않는다('더 알아보기'의 ① 참조).

이렇게 형성된 새로운 유기체에서 최초의 번식법은 발아(發芽)에 의한 것이었는데, 이는 모든 면에서 이전 단계의 세포 분열 과정과 유사하다. 이 점에서 우리는 창의적이고 형성적인 요소들이 하나의 몸 안에 존재하고 그 몸을 통해 기능한다는 것을 새삼 확인하게 된다.

하지만 이후 각각 수백만 개의 작은 세포로 구성된 이 새로운 유기체들은 남성과 여성 유기체로 분화되었고, 그런 다음부터 번식은 수용하고 형성하는 여성에 대한 창의적 남성의 행위가 더하여 이루어졌다. 즉, 배양 기간이 지나고 나면 형성부인 여성에게서 생성물체가 직접 나온다. 이 점에서 또다시 우리는 하나로 간주되는 남성 유기체와 여성 유기체가 복합 성격을 형성하며, 초기 단계에서 무성 유기체의 내부에 존재하였던 동일한 요소와 관계를 '외부'로 재생산한 것임을 알게 된다.

그런데 더 높은 단계로 가면, 남성과 여성 요소의 통합을 초래하였던 동일한 생명 충동이 생존을 목적으로 각 개체를 모아 집단화한다. 개미와 벌과 같은 사회적 곤충이 그러하다. 이 공동체에서 각각의 개체는 세포군체의 세포에 해당된다. 유일한 차이점은 그들이 하나의 몸체가 아니라 단순히 하나의 집단으로 결합되었다는 것이다. 이러한 통합 과정의 결과, 더욱 크고 판을 뒤집는 개체가 나오는데, 그것은 명확한 실체로 나타나기 때문에 학자들은 그것을 '벌집의 정신'('더 알아보기'의 ② 참조)이라고 명명하였다.

개미와 벌의 경우 이러한 통합 과정이 한 단계 더 진전된다면, 벌집이나 개미 언덕은 각 개체가 처음에는 무성인 세포 분열과 유사한 과정에 의해 번식되는 것으로 볼 수 있다. 그러나 나중에 이처럼 형성된 개체 간에 성별이 드러나고, 이후 세대는 수용적이고 형성적인 암컷에 대한 창의적인 수컷의 행위를 통해 번식된다. 그리고 이 둘은 하나의 결합체가 되어 또 다른 복합 성격을 구성하고, 이는 통합의 또 다른 과정을 위한 시발점이 되어 또 다른 무성의 산물을 낳게 된다.

인간에게도 동일한 과정이 반복되는데, 남성과 여성을 결합체로 간주하면 번식은 성에 의해 이루어진다. 그런데 가족이라는 복합 성격을 결합체로 본다면, 창의적이고 형성적인 요소들은 그 내부에 존재하며 결합체를 통해 기능하고 발아를 통해 번식하는 것으로 볼 수 있다.

이처럼 진화나 창조 과정의 조건은 명확하다. 왜냐하면 그것들은 진화하고 번식하는 실체 내부에 존재하는 창의적이고 형성적인 요소들의 단계별 분석과 통합으로 구성되기 때문이다. 하지만 각각의 연속적인 분석이나 통합은 항상 더 높은 수준에서 이루어진다.

그러나 이러한 상호작용이 무성 유기체의 경우처럼 내적 차원에서 일어난 것인지, 아니면 충분히 발달한 남성과 여성 사이의 외적 차원에서 일어난 것인지에 관계없이 그것은 '언제나' 수용적이고 형성적인 실체에 대해 창의적인 남성 요소가 작용한 결과이다. 그리고 이것이 진화 도식 혹은 인간 체계 둘 중 하나에서 이미 출현한 '유일한' 과정이라는 것 역시 불변의 사실이다. 이처럼 생물학적 계보를 탄생시킨 것과 동일한 요소와 관계는 집단, 주정부와 국가에서도 작동한다. 예를 들어, 산업의 경우 창의적 자본이 수용적인 노동에 제공됨으로써 상업 제품이 생산된다. 즉, 담당자가 만드는 기간을 거쳐 제품을 완성한다. 어떤 모임이나 조직을 분석해도 이와 같은 요소와 관계 그리고 그들 사이에서 발생하는 동일한 상호작용이 반복되는 것을 확인할 수 있다.

이제 다시 최면 현상으로 돌아가 보자. 앞서 말하였듯이, 최면 현상은 개체를 구성하는 요소들을 분석 제시하며, 또한 모든 집단에서 나타나는 복합 성격을 형성하기 위한 첫 번째 단계이기도 하다.

국가 자체는 앞에서 살펴본 과정 운영을 통해 생성된다. 즉, 운영자는 창의적이고 남성적인 역할을, 국민은 수용적이고 여성적인 역할을 맡는다. 그러나 국민이 여성 역할이라는 가정을 완성하기 위해서는 의식적 기능에 대한 통제가 사라져야 한다. 그래야만 의식적 기능이 창조의 힘을 가지고 있음을 기억할 것이다. 이는 국민의 관심을 집중시킴으로써, 다시 말해 의도적인 창작 행위를 잠시 중지시킴으로써 이루어진다. 반대로, 운영자가 권위적 태도를 취한다고 가정해 보자. 그는 무엇보다 먼저 창의적이어야 한다. 그런 다음 그는 국민에게 자신이 만들고 싶은 국가를 제안하고, 어떠한 반대도 없이 이를 실행한다. 반대란 창의적인 행위를 뜻하며, 의식적인 기능을 다시 작동시키는 것이다. 하지만 원하는 국가에 대한 생각이 거듭 반복하여 국민의 마음에 자리를 잡게 되면, 국가의 행정 구조는 이를 전제로 받아들여 엄격한 논리적 결론에 도달한다. 그리하여 국가는 실제로 빠르게 생산된다. 그런 다음 이른바 국민은 최면에 걸려, 그의 유일한 의식적 근원인 운영자와 '관계를 맺는다.'

이와 같이 창의적 구성원, 심리적 구성원 및 이들이 기능하는 신체라는 물리적 도구로 구성된 새로운 성격이 구축되었다.

더 알아보기

① **볼복스 글로바토르**

볼복스는 녹조식물 볼복스과 볼복스속의 총칭으로 크기와 모양이 같은 2개의 편모를 가진 단세포가 500~5,000개 모여 공 모양의 군체를 이루는 개체이다. 볼복스 글로바토르는 볼복스속에서 가장 흔한 종류로 지름 50마이크로미터 이상이며 세포 수는 수천 개에 이르는 대형이다.

반복적으로 분열하여 모 군체에서 방출되는 방식으로 번식하며, 무성생식과 유성생식을 모두 하는데, 실험실과 같이 생존에 유리한 환경에서는 일반적으로 무성생식이 관찰된다. 무성생식에서 유성생식으로의 전환은 환경 전환에 따라 일어날 수 있으며, 성유도체의 작용에 의해 촉진되기도 한다.

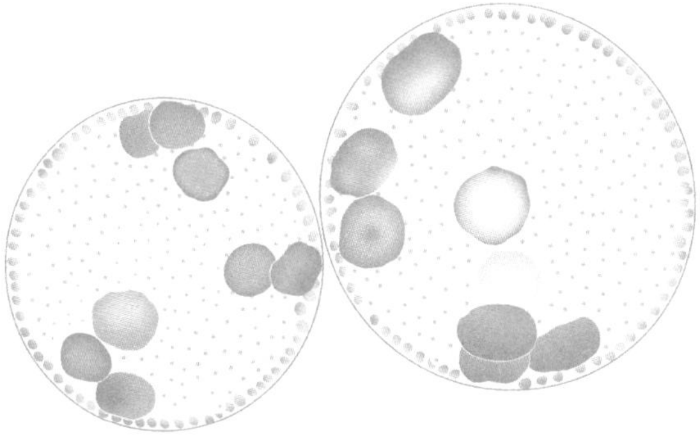

[그림 2-1] **볼복스 글로바토르**

② **벌집의 정신**

같은 종의 개체끼리 서로 도우면서 생활하는 곤충을 사회적 곤충이라고 하며 꿀벌, 개미 등이 대표적이다. 이들은 보통 여왕, 수컷, 일꾼의 계급으로 이루어진다. 벌에는 비사회적인 종류부터 단순히 집단만 형성하거나 분업

체계를 갖고 있거나 계급을 가진 종류 등이 있어 사회적 곤충의 진화를 엿보기에 용이하다. 이러한 사회적 곤충은 개별 개체만으로 생존이 불가능하므로 한 사회 전체를 한 개체로 생각하기도 한다.

따라서 벌집의 정신이란 개체가 군체를 이루어 생존하는 집단 지성과 연결 지어 볼 수 있을 것이다.

03

기본 개념

지금까지 성격의 요인을 분석하여 이를 운영자와 국민이라는 인물로 형상화하였다. 이제 그 사이에서 일어나는 상호작용에 대해 알아볼 것이다.

먼저, 운영자는 국가를 만들어 내기 위해 암시(suggestion)를 사용하는데, 그것이 국민의 심리 구조 안에서 작동한다는 점에 주목해 보자. 이 암시는 그 안에 내재된 이념과 더불어 국가 구조가 이를 바탕으로 구축되었다는 '기본 개념'이 된다. 그리고 심리적 요소는 연역적 관점에서만 작용하기 때문에, 국민은 이 기본 개념에 포함되고 그것에 부합되는 활동이나 현상만을 보여 줄 것으로 예측할 수 있다. 따라서 국민은 국가를 형성한 기본 개념의 범주에 의해 결정되는 경계를 벗어나지 못한다. 그런데 경계는 운영자 자신의 활동까지도 제한한다. 왜냐하면 그는 이 기본 개념에 모순되는 어떠한 현상도 국민에게서 유발할 수 없기 때문이다.

그러나 운영자는 주어진 국가를 더 넓은 개념에 기초한 또 다른 국가로 대체할 수 있다. 그렇게 되면 국민은 즉시 새로운 국가에 상응하도록 새롭게 활동할 것이다.

기본 개념의 필요성은 항상 유념해야 한다. 왜냐하면 암시요법의 법칙을 더 광범위하고 정당하게 응용하기 위해서는 그것이 가장 기본이 되기 때문이다. 더욱이 그것은 교육, 광기 그리고 실제로 인간 삶의 모든 단계에 중요한 영향을 미친다. 기본 개념들은 앞에서 살펴본 복합 성격의 심리적 요소에서 그랬듯이, 개개인의 심리 구조에서도 활동을 결정하고 제한한다.

다음으로, 기본 개념이 각기 독특한 현상을 가진 다양한 최면 단계를 일으키는 것에 대해 살펴보자.

최면 상태를 만들기 위해 주로 사용되는 암시에는 수면이 기본 개념으로 포함되어 있다. 그것이 심리 구조에서 작동되면, 주인공은 수면에 해당하는 현상들만 보여 준다. 즉, 근육은 이완되고, 감각은 휴면 상태이거나 아주 미약하게만 활성화된다. 이 단계를 '혼수상태'라고 하는데, 무기력이 주된 특징이다.

그런데 사용한 암시가 수면이 아니라 이른바 공포라고 한다면 완전히 다른 상태가 된다. 그것은 조각상처럼 움직이지 않는 것이 특징이다. 근육은 뻣뻣하게 경직되고 꽤 오랜 시간 동안 가장 어려운 자세를 유지한다. 이를 '강직증 단계'라고 하며, 이때 주인공은 자동 인형이나 다를 바 없다.

강직증은 일반적으로 공포를 내포하는 모든 자극에 의해 유발될 수 있다. 천둥소리 혹은 예상치 못한 경고음은 종종 신경질적인 기질의 사람에게 강직증을 유발한다. 무기력 상태에 있는 주인공의 눈에 광선을 비추면 그 즉시 강직증이 일어난다. 동물계에서 강직증 현상은 두드러진 역할을 하는데, 동물학자들에 따르면 조류와 작은 포유동물들이 특정 파충류가 쳐다볼 때 움직이지 못하는 이유는 강직증 때문이라는 것이다. 또한 만지면 죽은 척하는 곤충들 역시 의심할 여지없이 강직증 상태에 빠져 있는 것이다.

그러나 최면 상태를 유도하기 위한 암시가 기본 개념으로 휴면이나 공포가 아니라 하나 이상의 단계를 따라 증가하는 활동을 포함할 때, 세 번째 상태가 생성된다. 이 상태는 정상보다 훨씬 높은 곳에 위치하는 반면, 무기력과 강직증 상태는 정상 아래에 위치한다. 이를 '몽유병적 단계'라고 하며, 바로 여기에서 최면술의 진정한 경이로움이 존재한다. 그 놀라움은 또한 시간과 공간을 무의미한 것으로 만들어 버리는 지각과 관념의 현상을 포함한다. 이에 관해서는 나중에 다시 볼 것이다.

지금까지 자주 발생하는 전형적인 최면 상태에 대해 알아보았다. 최면술의 유일한 조건은 어떤 개념이 객관적 통제를 차단하기 위해 심리 구조에서 지배적이 되는 것이므로, 그 개념의 본질에서 그 특성을 취하면 얼마든지 많은 최면 상태를 유도할 수 있다. 많은 유형의 광기 그리고 강렬한 창조적 활동의 순간들은 말할 것도 없이 자기 유도 최면 상태이다.

그러나 최면 상태가 아무리 많다고 해도 이를 발생시키는 기본 개념은 필연적으로 두 가지 일반 명제 중 하나에 속한다. 그것은 개인에 관하여 '긍정적'이거나 '부정적'이다. 즉, 선 아니면 악의 개념이다. 개인에 대해 부정적이라면 그것은 우울증 상태를 야기하며, 따라서 '정상 이하'의 현상과 관련된다. 그러나 개인에 대해 긍정적이면 결과적으로 자극의 상태가 되며, 본질적으로 범상치 않은 현상과 관련된다.

지금까지 살펴본 바에 따르면, 심리적 요소가 지속적으로 '형성되어 가는' 상태에 있는 것으로 추론할 수 있다. 다시 말해, 그 순간 작용하는 기본 개념의 특성에 따라 감소하거나 증가하고, 또는 약해지거나 촉진된다는 것이다.

그러나 주어진 시간에 작동하는 개념이 우울증을 유발하든 자극을 유발하든 간에, 중요한 사실은 기본 개념을 변경함으로써 상태를 변화시키는 능력이 성격의 창의적인 구성원에 영원히 존재한다는 것이다. 따라서 숙련된 운영자는 복합 성격 안에서 무기력을 강직증으로, 강직을 몽유병으로 자유자재로 바꿀 수 있다. 심지어 그는 신체를 반으로 나누어 한 쪽에서는 이 상태를, 동시에 다른 쪽에서는 또 다른 상태를 만들기도 하는데, 이 상황에서 중요한 해부학적 관계가 드러난다.

여기에서 흥미롭게도 우리 모두에게 존재하는 심리적 실체 혹은 '영혼'이 다름 아닌 동화 속 '가난한 소녀'임을 알게 된다. 수많은 이야기 속에서 소녀는 처음에 끔찍한 학대를 당하며 더

러운 누더기 옷을 입고 있다. 그러나 신데렐라 이야기의 여러 판본에서 보듯이 그 누더기 옷은 이후 '햇살-별과 밤-아침의 분홍색'으로 수놓아져서 빛나는 옷으로 탈바꿈하고, 이야기는 언제나 왕자와 결혼하는 것으로 끝난다('더 알아보기' 참조).

더 알아보기

긍정적 개념과 외면의 변화

이 말은 기본 개념의 작동에 따라 인간이 변화할 수 있음을 뜻한다. 변신 전의 신데렐라를 무의식 상태, 상처받은 또는 고착된 상태의 환자라고 본다면, 마녀가 걸어 주는 마법은 최면술의 암시에 해당한다. 이 암시는 부정적 상태의 신데렐라에게 파티에 참여할 수 있다는 희망과 같은 긍정적 개념을 주입하여 외면을 변화시킨다. 변화된 외면은 지속적으로 새로운 상태를 생성한다. 즉, 파티에 참여하여 왕자와 만나면서 버려진 아이라는 현재의 부정적 상태에서 사랑받음과 지위 상승의 긍정적 상태로 변화하도록 한다.

04

신체의 변화

첫 장에서 우리는 심리적 요소와 신체 사이의 관계가 성격의 창의적 구성원이 심리와 맺는 결정적 관계와 동일하다고 설명하였다. 이러한 관계는 대중적인 보드빌 속임수에서도 잘 드러난다. 최면술사가 주인공에게 강직증을 일으키면, 주인공은 신체 양끝만 살짝 받쳐 준 상태에서도 남자 너덧 명의 체중을 지탱할 수 있게 된다.

그러나 심리적 요소의 상태가 신체에 미치는 영향은 단순한 근육 수축 문제보다 훨씬 더 깊게 확장된다. 실제로 심리클리닉에서 실시한 검사에 따르면, 땀샘과 장기의 기능에서부터 혈액순환, 세포의 배출, 심지어 성장에 이르기까지 신체의 모든 과정으로 확장되고 조절하는 것을 알 수 있었다.

15년 전만 해도 과학계는 심리적 요소가 신체 조건에서 결정적인 역할을 한다는 사실을 인정하지 않았다. 그 이유는 대다수의 의사가 신체 자체를 단순히 '결과'가 아니라 '원인'으로 간주하였기 때문이다. 이 근본적인 오류는 물질이 밖에서 볼 때에는 명백하게 경직되어 있다는 사실에서 비롯된 것으로 보인다. 그러나 신체의 구성 물질은 아주 작은 수정란에서 출발하여 조직과 성장의 연속적인 단계를 거쳐 성숙한 존재가 된다. 이를 고려하였다면 물질을 구성하는 내부적 힘의 관점으로 보아 자유자재로 모양을 만들고 주무를 수 있는 완벽한 가소성(可塑性)을 가졌다고 추론할 수 있었을 것이다.

이제 주요 관심사는 다음과 같다. 지난 세기말 이래 물질에 대한 최종 분석이 이루어졌으며, 실제 실험을 통해 물질이 본질적으로 완벽한 가소성을 지닌다는 것을 알게 되었다. 이러한 사실은 어쩌면 성장 현상을 관찰함으로써 유추할 수 있었을지도 모른다. 더 나아가서 이제 물질은 '그 자체로는' 존재하지 않는다고 확언할 수 있다. 물질은 모든 형태가 마지막 분석에서 하나로 모아진 기본 에테르 '상태'인 것이다.

이러한 진실은 물질에 관한 '입자설'과 '전자 이론'에서 각각의 과학적 방식으로 정리되어 있다. 이는 매우 중요하므로 이 책의 마지막 부분에서 간략하게 살펴보고 어떻게 그 발견을 끌어냈는지에 대한 설명을 첨부하였다(125쪽 참조).

이처럼 명확해진 물질의 본성을 유념한다면, 심리적 요소가 신체와 관련하여 결정적 역할을 한다고 볼 수 있다. 또한 심리치료 현상 역시 설명 가능해지며, 마찬가지로 기적의 역사가 가득한 상흔이나 몸에 자발적으로 생겨나는 수포들, 상처나 흉터, 보기 흉한 자국 등의 기이한 현상도 쉽게 이해할 수 있다.

F. W. 마이어스(F. W. Myers; '더 알아보기'의 ① 참조)의 저서 『인간의 성격(Human Personality)』(1권 p. 492)을 보면 신체에 영향을 미치는 심리적 요소의 힘에 관한 두 가지 충격적인 상흔 사례가 나온다. 두 사례 모두 주기적으로 몸에 핏자국이 나타난다. 하지만 첫 번째 사례에서는 주인공이 최면 상태에 있을 때 상처로 드러난 암시가 최면 상태의 주인공에게 전달된 것이라면, 두 번째 사례에서는 주인공 스스로의 의식적인 기능으로 암시를 인식하였다는 점에서 차이가 있다.

이와 같은 수많은 사례를 통해 우리는 신체가 심리적 요소와 마찬가지로 지속적으로 변화하는 상태에 있다는 실질적인 추론에 도달하였다. 즉, 언제라도 감소하거나 증가하고, 또 분해되거나 통합될 수 있다는 것이다. 그리고 심리적 요소는 신체와 필연적으로 연관되기 때문에, 신체의 변화는 그때 심리 구조에 작용하는 기본 개념의 특성에 따라 변화된다는 점을 유념할 필요가 있다. 앞서 언급하였듯이, 심리치료와 정신 분석이라는 쌍둥이 과학은 이러한 귀납법의 진실을 바탕으로 한다.

이 두 과학은 각각 동전의 앞면과 뒷면과도 같다. 즉, 둘 다 효과가 뛰어난 치료법을 만들었다는 점에서는 유사하지만, 결과는 정반대의 방법으로 이루어졌다.

정신 분석가의 방법은 다음과 같다. 그는 우울하고 병든 상태의 환자를 만나면, 신체가 심리 구조에서 작동하는 부정적인 기본 개념으로 인하여 이미 어느 정도 붕괴되었다고 가정한다. 이 개념은 통상적으로 도덕 법칙에 대한 오해에서 비롯되며, 개인의 욕망을 억제하기 위한 노력의 결과로 나타난다. 그래서 어떤 분석학파에서는 "억압은 원인이고, 표현은 치료이다."라는 공리가 생겨났다. 그럼에도 불구하고, 그것이 문제를 일으키고 있다는 사실은 그 개념이 본질적으로 부정적임을 명백히 보여 준다. 그렇게 되면 심리 구조에서 그것을 찾아 제거하는 것이 의사의 임무이며, 임무가 완료되면 신체가 그에 상응하는 변화를 겪게 될 것이라고 상정한다.

그러나 여기서 어려움이 발생하는데, 환자가 우울증을 일으키는 개념이 무엇인지 모른다는 것이다. 따라서 이러한 어려움을 해소하기 위해 의사는 종종 환자의 꿈에 의존한다. 꿈은 마음속 깊은 곳에서 작용하는 것에 대한 환자의 상징적인 표현이기 때문이다. 의사는 이것을 기록하고 분석한다. 성인의 경우 언어가 종종 뒤엉켜 있고 비유적이지만, 이를 신중히 검토한다면 우울증의 원인이 되는 지배적인 개념 혹은 일부가 선호하는 명칭인 '고착된 사고'를 밝혀내게 될 것이다.

이것을 찾고 나면 남은 치료는 간단하다. 단순하게 환자가 자신의 생각과 고통 사이에 있는 인과관계를 의심하게 하면 된다. 그렇게 되는 순간, 환자를 안도감으로 이끌었던 바로 그 충동이 이번에는 창의성과 선택의 힘으로 발휘된다. 그는 이제 그 생각을 받아들이지 않고 의식적으로 거부한다. 이때야 비로소 건강 회복이 즉각 이루어진다.

이 글에서는 꿈 분석이라는 가장 흥미로운 주제를 확장시키지 않을 것이다. 따라서 꿈 분석의 이론, 기술 및 업적에 대한 보다 자세한 논의를 위해서는 이 책의 참고문헌에서 찾을 수 있는 해당 주제에 관한 저서들을 참고하기 바란다. 실명과 마비 등의 장애가 이 현대적 영혼 수술 방법으로 사라졌다고 언급하는 것만으로도 충분할 것이다.

반면, 심리치료는 이와 정반대의 접근 방식을 취한다. 의사는 우울증을 없애려고 애쓰는 대신, 오히려 자극을 만들어 냄으로써 이 문제에 대응하려고 한다. 이를 위해 최면 상태를 유도하고, 여러 사례에서 보듯이 긍정적인 개념이 암시를 통해 마음속 구조에 직접적으로 새겨지도록 한다.

베테르스트란트(Wetterstrand; '더 알아보기'의 ② 참조)는 자신의 저서『최면술과 실용의학에의 활용(Hypnotism and its Application to Practical Medicine)』(p. 77)에서 결핵 말기 환자 사례를 설명한다. 그 환자는 신장이 제대로 기능하지 못하게 되면서 급성 통증이 발생하였고, 결과적으로 최면 상태에 의존하게 되었다. 즉, 환자가 최면 상태에 있을 때 의사가 소변을 많이 배출하라고 하였더니, 신장이 즉시 반응하여 그는 소변을 많이 볼 수 있었다.

이 주제에 관한 문헌에서 도덕적 결함부터 신체 장기 문제까지 다양한 장애가 최면요법을 통해 치유 또는 개선되었다는 기록이 있지만, 심리치료는 실행할 때 한 가지 취약점을 가지고 있음을 유념해야 한다. 의사는 자신의 진단을 기반으로 어떤 긍정적이고 건설적인 제안이 필요한지 알려야 한다. 앞서 언급한 사례에서 환자가 사망하였다는 사실은, 신장이 적절하게 기능하도록 한 것은 바람직하였지만 이것만으로는 생명을 구하기에 충분하지 않다는 것을 분명히 보여 준다. 이것은 정신 분석가로서는 어느 정도 피할 수 있는 어려움이다. 왜냐하면 그는 부정적인 개념의 제거에만 몰두하기 때문에 축적 과정은 환자 자신의 회복력에 맡기기 때문이다.

이러한 어려움 때문에 심리치료사들은 오늘날 환자들에게 영향을 미치는 긍정적인 개념을 '일반화시키기' 위해 점점 더 많은 일을 시작하고 있다. 그들은 이런저런 인체기관이 정상적인 기능을 발휘해야 한다고 하는 대신, 오히려 일반적인 건강 상태가 되어야 한다고 제안하는 경향이 있다. 이러한 일반적인 건강 개념이 특정 부분의 우울증을 회복시키기 때문이다.

그러나 긍정적인 개념이 일반화되기 시작하면, 순전히 논리적인 순서를 거쳐 보편적이거나 신적(神的)인 개념에 도달하게 된다. 왜냐하면 '보편'과 '신성'이라는 용어는, 원하는 대로 방향을 돌려, 현대인의 마음에 '어떤 긍정적인 속성이든지 전적으로 일반화한다.'는 생각을 심어 놓기 때문이다. 결과적으로, 신성 또는 보편의 개념은 '모든 긍정적인 개념의 완전한 일반화'이다.

그러므로 보편 혹은 신성의 개념이 '존재' '유익함' '전지전능함' '편재성' 등과 같은 일반화된 긍정적 속성의 개념을 구현하여 마음속 구조에 적절하게 남아 있다면, 이 개념은 본질적으로 모든 우울한 상태를 회복시키기에 충분히 광범위하고 매우 건설적인 대리인 역할을 할 것이라고 합리적으로 예상할 수 있다.

이것이 바로 모든 종교적 치유 사례에서 일어나는 것으로, 이는 지적이고 단순하기 때문에 신성한 것이기도 하다.

더 알아보기

① 프레데릭 윌리엄 헨리 마이어스(Frederic William Henry Myers, 1843~ 1901)

1883년 창립된 영국심령연구학회(Society for Psychical Research: SPR)의 창립 멤버로, 초자연적 현상에 깊은 관심을 가졌다. 표정, 동작, 언어 등 감각적 수단에 의하지 않고 한 사람의 정신으로부터 다른 사람의 정신으로 온갖 종류의 인상이 서로 전달되는 일종의 심령 현상을 텔레파시(telepathy)라고 명명하였다. 텔레파시는 그리스어로 먼 거리(tele)와 느낌(pathe)을 뜻하는 단어를 합쳐 만든 용어이다. 마이어스가 사망한 후 1903년에 『인간의 성격 그리고 육체적 죽음의 생존(Human Personality and Its Survival of Bodily Death)』이 편집 출판되었는데, 최면술에 대한 다양한 사례를 담고 있다.

첫 번째 사례는 극심한 신경통을 동반하는 원인 불명의 질병으로 죽어가던 환자가 성찬식 이후 몸에 상흔이 나타나면서 황홀경에 빠지고 건강을 빠르게 회복한 경우이며, 두 번째 사례는 대상에게 최면을 걸고 매주 금요일 가슴에 십자가 모양의 상흔이 나타날 것이라는 암시를 건 실험이다. 후자의 환자는 자신에게 걸린 암시를 알고 동의하였으며, 상흔은 최면이 지속되는 동안 매주 금요일에 나타났다.

② 오토 게오르크 베테르스트란트(Otto Georg Wetterstrand, 1845~ 1907)

스웨덴의 의사이자 심리치료사이며, 암시적 심리치료를 사용한 최초의 의사이다.

05

기능의 변화

세상에서 가장 중요한 것은 말할 것도 없이 육체적 건강이다. 이것이 모든 인간에게 적용되는 치료의 단순한 법칙이라는 사실은 누구나 다 안다. 그러나 간과하면 안 되는 또 다른 측면이 있는데, 그것은 바로 긍정적이고 건설적인 개념이 기능에 미치는 영향이다.

최면 현상을 보면 심리적 요소는 그때 작용하는 기본 개념의 본질에 따라 신체를 통합 또는 분리한다는 것을 알 수 있다. 그것은 또한 동일한 단순 법칙에 따라 지적이고 감각적인 기능을 약화시키거나 촉진한다.

기능의 약화는 보드빌 무대에서 흔히 볼 수 있는 또 다른 속임수에서 잘 드러나는데, 실험자는 주인공이 깨어났을 때 자신의 이름을 기억하지 못할 정도로 '최면 실어증' 상태가 되게 한다. 이때 억제 암시를 제거하지 않으면 최면 실어증은 수년 동안 후유증, 즉 최면 상태로 남아 있기도 한다. 파리 살페트리에르 병원 의사인 비네(Binet)와 페레(Féré)가 쓴 『동물자기(Animal Magnetism)』('더 알아보기'의 ① 참조)에서 이와 유사한 지적 · 감각적 기능의 정지 그리고 자극의 근원과 관련된 많은 사례를 확인할 수 있다.

그러나 심리적 요소는 부정적이고 결핍된 것에 반응하는 것과 마찬가지로 긍정적인 전제에도 반응할 준비가 되어 있다. 이럴 때 기능은 놀랍게도 정상보다 훨씬 더 활성화되기도 한다. 이러한 자극 현상이 심리치료의 복합 성격 측면에서 발생하는 것을 '몽유병 현상'이라고 하며, 이때 주인공의 상태를 '깊은 최면 상태'라고 한다. 반면에 그것이 개인의 성격 측면에서 자연스럽게 발생한다면, 우리는 그를 '천재' 혹은 '신동'이라고 부른다.

이제 깊은 최면은 심리치료라는 복합 성격으로 볼 때, 한 가지 활동이 아니라 그 이상으로 증가하는 암시의 결과라고 할 수 있다. 실험자의 방식이 단지 주인공의 상상력을 자극하는 것이라면 깊은 최면 상태가 발생한다. 그런데 만약 그 방식이 무리하게 보거나 들으려는 것과 같이 지속적으로 힘든 기능을 사용하게 한다면, 도리어 극도의 명료함이 다시 발생한다. 어떤 최면 상태는 주로 주인공의 머리에 단순히 압박을 가함으로써 깊은 최면 상태로 바뀌기도 하는데, 이는 생각의 연상을 통해 필요한 암시를 전달하는 행위를 말한다.

여기에서 다음의 사실에 주목할 필요가 있다. 즉, 개인의 성격에서 '새로운 활력'이라는 현상은 육체적 혹은 정신적으로 지속적인 노력을 할 때 생겨나는데, 그것은 활동 증가라는 개념을 포함하는 전제에 대한 심리적 요소의 반응 그 이상도 이하도 아니라는 사실이다.

앞서 언급하였듯이 깊은 최면 상태에서는 모든 과정이 무섭게 가속화된다. 따라서 몽유병 환자는 감각이 매우 예민해져서 40~50피트나 멀리 떨어진 곳에서도 장미 향기를 맡거나 똑딱거리는 시계 소리를 듣고 찾아가기도 한다.

그러나 이러한 감각 지각의 각성은 몽유병이 수행할 수 있는 엄청난 기억력과 비교하면 지극히 사소하다. 몽유병 상태에서 몇 년 전에 읽었던 책을 한 장도 빠짐없이 외우는 것은 드문 일이 아니다. 이러한 현상은 지난 과거의 모든 장면에 대한 기록이 주관적인 구조 안에 완벽하게 존재함을 의미하는 듯하다. 하지만 우리 대부분은 그 기록을 사용하지 못한다. 왜냐하면 정상 상태에 있을 때에는 기본 개념을 억제하고 제한하기 때문이다.

또한 몽유병에서는 순수한 지적 기능 역시 그에 상응하여 빨라진다. 실제로 그들은 이따금 즉각적으로 기능을 발휘하기 때문에, 추상적인 관계를 지각함과 동시에 결론을 추론하는 것이 아닌지 의문을 제기할 수도 있다. 몽유병 환자에게 숫자의 제곱 또는 세제곱근에 대해 물으면 질문을 마치기도 전에 즉각 답하곤 한다. 정상 상태에서 수의 계산은 어렵다. 하지만 몽유병 환자가 자신이 필요한 능력과 지식을 소유하고 있다고 확신하게 되면 그것은 매우 쉬운 일이 된다.

몽유병 상태에서는 추상적인 관계에 대한 즉각적인 인식보다는 오히려 시공간상 멀리 떨어진 대상이나 사건에 대해 즉시 알아차리는 것과 같은 현상들이 종종 발생한다. 이런 것들은 '예지력' '초인적 청력' '선견지명' '신비력' 등의 제목으로 요약할 수 있는데, 살페트리에르 병원의 기록을 보면 상세하게 설명되어 있다. 나 또한 이러한 초월적 힘에 관하여 몇 년 전 진행한 개인 사례를 통해 서술한 바 있다. 그것은 콜로라도 산속 광산 캠프에서 일어난 매우 극적인 강도 사건이었다. 그때 몽유병 환자들은 보안관 무리가 강도들을 추격하는 장면에 대해 상세히 묘사하였다. 그런데 그 추격전은 몇 시간 전 20~30마일 떨어진 곳에서 벌어진 것이다. 그들은 또한 보안관 무리가 노상강도를 붙잡았다고 말하였는데, 그 사건이 실제로 벌어진 것은 그날이 아니라 며칠 후였음을 나중에 알게 되었다.

이는 매우 흥미로운 현상이다. 여기에서 가장 관심이 가는 부분은 심리치료라는 복합 성격의 경제적 측면에서 상상력이 수행하는 역할이다. 왜냐하면 상기하는 바와 같이 이 복합 성격은 가족이라는 복합 성격과 마찬가지로, 생물학적 세계에서 성(性)과 세대라는 현상을 불러일으키는 모든 요소를 제시하기 때문이다.

즉, 그것은 창의적이고 남성적인 요소와 수용적이고 실행적이며 여성적인 요소로 구성되는데, 이는 실험자와 주인공에게서 각각 구현된 것이다. 그러므로 이상하게 들릴 수도 있겠지만, 이 둘의 상호작용에서 실제 창조의 결과물이 나올 것이라고 합리적으로 기대할 수 있다. 그렇지 않으면 실험자와 주인공의 관계는 연인관계와 같아서 어떤 상호작용이 일어나든지간에 그것은 단지 새로운 의식 상태로 귀결될 뿐이지, 창조적인 행위 자체에는 미치지 못한다. 비네와 페레는 이러한 최면술의 성적인 측면을 '선택적 몽유병'이라는 미명하에 가장 빛나고 매혹적인 방식으로 설명하였다.

이제 실제 창조의 흔적이 심리치료에서 발생한다는 것을 주목할 필요가 있다. 그것은 현재까지도 많은 신비화 및 과학적 근심의 원천이었다. 이러한 실제 창조의 흔적은 주인공의 이미지화 기능이 자극을 받아 활성화되는 순간 나타난다. 물론 그 결과는 환각(幻覺)이다.

대중적인 표현에 의하면 '환각'이라는 용어는 그 자체로서의 존재는 없지만 그것을 지각하는 사람의 마음속에 있는 이미지로 존재하는 것을 나타내기 위해 사용된다. 그러나 이러한 정의는 심리치료에서 발생하는 환각에는 결코 적용될 수 없다('더 알아보기'의 ② 참조).

여기에서 투사된 이미지는 주인공을 제외하고 그 누구에게도 보이지 않을 수 있다. 그럼에도 불구하고 그것은 실험자가 창의적으로 고안할 수 있는 모든 객관성 테스트를 성공적으로 수행한다는 것을 알 수 있었다.

예를 들어, 그것을 주인공과 관련하여 보면 모든 광학 법칙과 맞아떨어진다. 오페라글라스는 보는 방향에 따라 이미지에 접근하거나 멀어지는 데 반해, 안경은 근시와 원시 모두 볼 수 있도록 다양하게 조정되어야 한다. 또한 돋보기는 환각을 증가시키고 굴절 프리즘은 이를 배가시키는데, 그 변위량은 언제나 프리즘의 굴절률과 일치한다.

게다가 자석의 근접성은 환상에 불과한 대상을 대체하여 분산시키는 효과가 있는 것으로 관측되었다. 하지만 이 현상이 실험자가 주인공에게 행한 암시적인 영향 때문인지, 아니면 자석에 의해 이미지 자체에 가해진 실제 비틀림 때문인지는 아직 밝혀지지 않았다.

이와 관련한 내용으로 스웨덴의 저명한 신경학자 프레드릭 비에른스트룀(Fredrik Björnström)의 설명이 가장 적절하다고 생각된다. 그는 살페트리에르 병원에서 관찰한 이러한 유형의 현상에 대해 "착시 현상은 그것을 보는 사람의 뇌에만 고정되어 있는 것처럼 보이지만, 환각은 이미지에 일종의 현실적인 신체적 강박을 제공하는 특정한 힘을 지니는 것으로 보인다."라고 하였다.

그는 또한 이미지가 모든 객관성 테스트를 통과한 몇 가지 사례를 인용하면서 다음과 같이 말하였다. "강신론자에게 그와 같은 현상을 설명하라고 한다면, 그는 즉시 수수께끼를 풀 수 있는 답으로 물질화 이론을 언급하였을 것이다. 마치 그것만이 진리인 것처럼 말이다. 그는 우주의 절대 정신에 있는 것과 같이, 인간의 영혼에 있는 특정한 창조적 힘을 주장한다. 인간의 착시 현상이 눈에서 투영되어 미세한 천상의 물질을 간직할 수 있다고 보는 것이다. 그 물질은 평범한 사람의 눈으로는 감지할 수 없지만 최면 상태로 예민해진 사람은 쉽게 볼 수 있다…… 이 수수께끼를 푸는 것은 미래 과학의 몫으로 남길 수밖에 없다. 현재의 과학은 이 점에서 미력하다는 것을 인정할 뿐이다." 비에른스트룀은 라듐의 발견, 물질의 미립자 이론과 전자 이론이 출현하기 몇 년 전에 이와 같이 주장하였다.

지금까지 살펴본 바에 의하면, 기능은 신체와 마찬가지로 지속적으로 변화하는 상태에 있는 것으로 보인다. 즉, 심리 구조에서 작동하는 기본 개념의 본성에 따라 언제든지 감소 또는 증가, 악화 또는 회복으로 구성될 수 있는 것이다. 그렇기 때문에 기본 개념이 모든 긍정적 개념의 완벽한 일반화, 달리 말하면 보편적 실재(the Universal)의 관념, 즉 만국 공용의 개념에 가장 근접할 때 최고의 상태와 가장 다양하고 초자연적인 현상이 발생할 것으로 예측한다.

심리치료의 복합 성격에 대한 실험은 이러한 가정을 뒷받침할 뿐만 아니라, 역사는 개인 성격의 측면에서 확증을 제공한다. 왜냐하면 최고의 의식 상태와 가장 초자연적인 힘은 의식적인 사고가 전지전능하고 편재하는 존재로서의 신 개념에 사로잡힌 사람들의 사례에서 균일하게 발생하였기 때문이다.

더 알아보기

① 동물자기

오스트리아 의사 메스머(Mesmer, Friedrich Anton)가 처음 사용한 말로, 태양계 행성이 우리 신체에 영향을 주는 눈에 보이지 않는 광선을 방출한다는 고대 사상을 재구성하여 동물의 몸에 자기와 비슷한 힘이 흐른다고 보고 이를 동물자기라고 명명하였으며, 그 광선을 자성유체라고 하였다. 최면술에서는 시술자로부터 방출되어 피험자에게 영향을 미치는 힘을 말한다. 사람의 몸은 동물자기로 가득 차 있기 때문에 신체 접촉으로 이 에너지가 시술자로부터 환자에게 전달되면 환자의 심신에 평상시와 다른 상태가 야기될 수 있다고 보았다.

② 최면의 효과

최면에서는 환청, 환시, 환취, 환촉 등 모든 종류의 환각이 가능하다. 지각이 생기는 양상과 지각이 없어지는 양상 모두 일어난다. 없는 소리가 들리게 되거나, 일시적 귀먹음 상태가 되거나, 피부에 대한 감각이 느껴지는 것과 느껴지지 않는 것 등과 같이, 실제로 대상자에게 일반 쇠막대를 뜨거운 쇠막대로 최면을 걸자 쇠막대를 잡은 손이 빨개지고 물집이 잡힌 경우가 있었다고 한다.

06

극장이라는 유기체

"세계는 무대"라고 윌리엄 셰익스피어(William Shakespeare)가 말하였다. 이후 300년 동안 비평가와 작가들은 이 말을 즐겨 사용하였다. 그러나 이와 상반되는 말도 마찬가지로 사실일 뿐만 아니라, 오히려 훨씬 더 명료하다. 무대는 세계이다. 그리고 나 역시 모든 집단에서 성격 요소의 출현과 재출현을 추적하면서 보여 주고자 하였듯이, 세상은 곧 사람이다.

극장만큼 성격의 요소들을 선명한 방식으로 제시하는 것은 없다. 시민 단체의 그 어떤 기관도, 심지어 심리치료 자체가 지닌 복합 성격조차도 그렇지 못하다.

예를 들어, 작가와 제작자에게는 창의적 요소가 있는데, 이는 극장이라는 유기체에 속한 대다수가 알고 있듯이 거의 존재하지 않는 것처럼 숨겨져 있다. 그러나 그들은 수용적이고 실행적인 배우 집단을 공연으로 이끌며, 배우들은 마음속 의식적인 사고와 유사한 모든 방식으로 일련의 그림들을 공연에서 만들어 낸다. 따라서 극장을 인격체로 본다면 무대는 머리이며, 배우는 뇌세포 그리고 공연은 의식적 혹은 객관적 기능의 작용이라고 할 수 있다. 게다가 우리는 이러한 의식적 기능이 개인의 경우에서처럼 수용적이고 실행적인 요소에 대한 독창적인 요소의 작용에서 비롯되는 합성물임을 알았다.

그러나 독창적인 요소로부터 나오는 개념을 기록할 수 있는 주관적 구조가 없다면 그 어떤 성격도 완전하지 않다. 연극 인격체라는 관점에서 보면 주관적 구조의 자리는 무대 위에 적용되지 않는 수용적이고 실행적인 요소, 즉 관객이 차지한다. 하지만 주관적 구조는 언제나 그것에 전달되는 암시에 따라 반응할 뿐이라는 점을 잊어서는 안 된다. 이것은 또한 관객의 법칙이며, 그들의 감정 상태는 무대가 감동적으로 전달하는 암시에 의해 시시각각 결정된다. 문제는 거기서 그치지 않는다. 관객의 반응은 마치 주관적 실체의 반응이 개인의 의식적 기능에 작용하는 것과도 같이 배우에게 영향을 미쳐 그들의 기능을 향상시키거나 저하시킨다. 나아가, 창의적 요소인 배우와 수용적 요소인 관객은 무대를 매개로 감정을 서로 주고받는데, 그 감정의 질적 수준은 특정 연극의 성격이 지니는 삶의 속도 그리고 결과적으로 그 지속 시간까지 결정한다.

이처럼 공연이 진행되는 극장은 살아 있는 유기체로서, 그 신체는 '볼복스 글로바토르'의 몸과 같이 수백 개의 살아 있는 세포로 구성되어 있다. 그리고 그 생명 과정은 구성 요소 간에 발생하는 상호작용으로 이루어진다.

지금까지 나온 엄청난 양의 책들이 모두 무대 위 주인공에 관한 이야기를 다루고 있음에도 불구하고, 이처럼 개인과 극장 간에 명백한 유사점이 있다는 사실을 미처 인식하지 못한 것은 불가사의한 일이다. 또한 관객의 정신 상태를 심리적 요소의 정상 상태인 최면 상태로 파악하지 않았다는 것도 흥미롭다.

하지만 이론가 중에는 최면술의 첫째 단계가 의식적인 행동을 일시적으로 금지하는 것, 다시 말해 주의를 끄는 것임을 알아차린 사람들이 있었다. 제임스 브레이드(James Braid; '더 알아보기' ① 참조)는 1845 또는 1846년경 이에 대해 "최면 현상을 일으키는 것은 말할 것도 없이 단일 관념에 빠지는 과정 혹은 주의를 집중하는 과정이다."라고 선언하였다. 이러한 주의집중 상태는 극장 안에서, 특히 보다 극적인 장면의 순간에 이루어져야 한다. 그렇지 않으면 주의집중과 같은 일은 없게 된다. 그래서 바로 이 점, 즉 공연 관람 시 관객이 가벼운 최면 상태에 빠져 있다는 사실을 근거로, 연출가는 "관객이란 도통 생각을 하려고 하지 않는다."라며 계속 비난하는 것이다.

실제로 극장에 자주 가는 사람은 최면 상태와 유사한 그런 상황에서는 미처 생각할 수 없다. 왜냐하면 의식적인 사고를 시작한다는 것은 창조의 행위와도 같은데, 이것은 주시해야 한다는 요구를 하지 못하게 한다. 따라서 이러한 상태에 놓인 관객은 최면에 걸린 주인공과 마찬가지로 사고할 수 없게 된다. 그가 할 수 있는 일이란 단지 감명을 받고 반응할 수 있을 뿐이다.

우리와는 다른 방식인 동양의 공연자들은 이 점을 결코 간과하지 않는다. 어쩌면 그들은 관객들의 주의를 집중하도록 이끄는 것이 최면 상태로 유도하는 것임을 잘 알고 있는지도 모른다. 그들의 공연을 보면 종종 집단 전체가 환각에 사로잡히기 때문이다. 그들은 우리처럼 막이나 풋라이트 등 어설픈 소품이나 장치 없이도 '밧줄 타기' '마술 상자' 그리고 '자라나는 망고나무'와 같은 환상적 무대효과를 연출한다.

하지만 우리의 주요 관심사는 다음의 사실에 있다. 관객으로 가득 찬 극장이 개인 그리고 심리치료라는 복합 성격과 정확한 유사성을 보여 준다면, 그것은 동일한 법칙을 따라야 한다는 것이다. 즉, 작가와 연출가는 배우를 매개로 극장 인격체의 주관적 요소에 침투하여 그 안에 있는 모든 사람의 신체를 적응하도록 하고 초월적인 상태가 되도록 유도할 수 있어야 한다. 이때 각 사람은 자동 암시를 통해 이러한 신체 조정과 심리 상태를 스스로 갖출 수 있으며, 혹은 배우가 말하는 대사를 통해 작가가 의도한 대로 따라갈 수 있다.

그런데 극장 인격체가 이처럼 단순한 법칙의 지배를 받는다는 점에 주목할 필요가 있다. 공연이 주관적 요소의 내면에 파괴적이고 암울한 암시를 전달한다면, 그들은 우울해지고 마음 또한 불편해진다. 그러면 그 연극은 재미없다는 평을 받게 되며, 심지어 그 공연 관계자 중 누군가는 증상이 점점 심해지다가 우울증의 징후까지 보이고 마침내 공연은 사라지게 된다.

반면, 공연이 건설적인 암시를 전달하면 자극이 뒤따르고, 그들은 쾌감을 느끼며 극장을 떠난다. 그렇게 되면 그 연극은 대중적인 인기를 얻는다. 마찬가지로 극장 인격체 또한 건강한 존재로서의 시간을 한껏 누리게 된다.

그러므로 성공의 가능성을 어느 정도 확신하기에 앞서 연극이 전달하는 건설적 혹은 파괴적 암시가 어디에 있는지 결정하는 것만이 남아 있다. 이러한 결정적인 특질은 오직 극장 인격체의 독창적인 요소 안에만 존재한다는 점을 주목하자. 따라서 연극적 기술 또는 빈틈없는 대사, 주제, 극적 가치 등은 살펴보지 않을 것이다. 그 대신 처음부터 끝까지 '작가의 관점'에 주목할 것이다. 그것이 긍정적이면 작가는 어떤 갈등이건 긍정적인 관점으로 삶을 제시할 것이고, 바로 그것이 희곡의 기본 개념을 구성할 것이다. 그러나 만약 그것이 부정적이면, 다시 말해 작가가 인생을 추악하고 결함투성이라고 본다면, 이 또한 그의 작품에서 드러날 것이며 기본 개념을 구성할 것이다. 또한 심리치료라는 복합 성격의 경우처럼, 그것은 본질을 정하는 주관적 요소에 각인된 기본 개념으로서 바로 그 본질이 심적 자극이나 반동을 일으킨다.

이제 다른 모든 조건이 동등하다면 바로 이 기본 개념의 본질을 염두에 두고, 연극계의 모든 성공과 실패를 설명할 수 있을 것이다. 덕분에 우리는 코러스의 노출 외에는 볼 것이 없는 쇼가 왜 인기 있는지 알 수 있게 된다. 왜냐하면 여성을 욕망한다는 것이 그들을 동등하게 보기 때문이라고 가정하는 인생관은, 존중의 측면에서는 비난할 수도 있겠지만 그럼에도 불구하고 긍정적인 전제에 해당한다.

희극이 영원토록 인기를 누리게 된 비밀은 긍정적이거나 부정적인 기본 개념의 동일한 대립에 있다. 희극은 사랑과 결혼을 이야기하면서 충족된 욕망을 폭넓게 다룬다. 그리고 삶의 욕망은 선한 것이며 이루어질 수 있다는 가정이 또다시 긍정적인 전제가 된다.

희극에서 특히 성황을 이룬 공연들은 등장인물의 갱생을 다룬 작품들이다. 이 경우에 작가들은 개인이 모든 결함과 어려움을 극복할 수 있는 힘을 자신 안에 지니고 있다고 가정한다. 이러한 개념이 관객의 마음속에서 작동하게 되면 자극을 초래한다. 그들은 힘과 용기를 얻기 위해 매일 밤 이러한 연극을 보러 온다.

이와 동일한 대립 구조로 볼 때, 우리는 왜 진정 위대한 비극이 우울감에 빠지게 하는 대신에 자극을 주는지 알게 된다. 비극은 재난과 죽음을 다루지만, 그럼에도 불구하고 그 기본 개념은 매우 강력하게 건설적이다. 사실, 이 건설적인 기본 개념이 존재하는 것만으로도 위대한 비극과 그것을 흉내 내는 작품을 구분할 수 있다. 주로 멜로드라마가 위대한 비극을 모방하며 관객을 우울감에 빠지게 한다. 위대한 비극은 절대불변의 도덕 법칙으로 나타나는 보편적인 것이 존재한다고 가정한다. 앞서 치유 현상과 초월적 상태에 대해 주목하여 보았듯이, 어떤 측면에서든 보편적인 것의 존재를 가정하는 것은 주관적인 요소에게 가장 강력한 건설적인 유형을 암시하는 것이다. 바로 이것이 비극이 관객의 마음속에 만들어 내는 위대한 평온함이며, 수 세기에 걸쳐 거듭 공연되는 이유이기도 하다.

마지막으로, 긍정적 혹은 부정적 기본 개념에 대한 이 논의는 대중이 왜 음울하고 파괴적인 북부 작가들의 연극을 받아들이지 못하는지 설명해 준다. 그 연극들은 대부분 멋진 솜씨로 만들어졌으며, 처음부터 끝까지 긴장감을 놓치지 못하게끔 흥미롭게 펼쳐진다. 하지만 대부분 삶을 부정적인 관점으로 보여 준다. 그런데 연극을 보러 가는 사람들은 평균적으로 부정적 관점의 훌륭한 연극보다는 형편없더라도 불편하지 않은 연극을 더 선호하는데, 그 이유는 심리적으로 타당하다. 후자는 썩 좋지 않지만 어느 정도 그의 행복에 기여하고, 전자는 더 훌륭하고 설득력이 있으나 관객은 더 불행하고 우울해지기 때문이다.

따라서 셰익스피어가 "중요한 것은 연극이다."라고 말한 것은 명백히 틀렸다. 이와 반대로 연극은 중요한 실체가 아니다. 중요한 것은 연극과 관련된 기본 개념이며, 이 사실을 제대로 파악해야만 과거의 위대함과 성공이 현재의 위대함과 성공의 시발점이 될 수 있다.

그렇다면 연극이 불러일으키는 심리적 자극이나 우울이 주로 그 기본 개념의 본질에 있다는 사실에 근거하여, 관객의 마음에 최대한의 자극을 만들어 낼 어떤 종류의 연극을 상정할 수 있지 않을까? 물론 그럴 수도 있다. 그리고 그렇게 하는 방법은 완벽하게 논리적이다. 우리는 성격에 주목함으로써 최고의 신체 조정과 최상의 정신력이 긍정적인 개념으로 나타나며, 그 덕분에 점점 더 완벽한 일반화, 즉 보편적 실재의 개념에 가까워진다는 것을 알았다. 그렇다면 극작가는 어째서 보편적 실재의 내재성과 현실성을 연극의 기본 개념으로 받아들이고, '존재'를 배경으로 하여 현재의 삶을 바라보아야 하는 것일까?

비판적인 독자라면 앞서 언급한 대로 비극이 이 조건을 충족시켰음을 알아차릴 것이다. 이는 사실이다. 또한 비극은 극장에서 경험할 수 있는 최대치의 심리적 자극을 유발한다는 것을 관찰해야 한다. 하지만 그럼에도 불구하고, 이 자극은 기본 개념이 보편성에 근접함에 따라 개인과 심리치료의 복합 성격에서 유발되는 자극에 훨씬 못 미친다. 이제 비극의 기법을 주의 깊게 살펴보면 그 이유를 알 수 있을 것이다.

비극은 도덕 법칙의 관점에서 보편적 실재의 존재를 전제로 한다. 그런 다음 비극은 그것에 불복종하는 인간을 보여 줌으로써 그 내재성과 현실성을 암시한다. 두말할 것도 없이 인간은 압도당한다. 그러나 연극이 강조하는 것은 인간의 고통이 아니라 그 고통을 야기하는 법칙이다. 그렇기 때문에 연극은 보편적 실재의 존재를 무엇보다 생생하게 보여 주는 역할을 담당하는 것이다. 이 표현 방식을 따르는 한, 연극에서 '능동적인' 요소는 언제나 불복종하는 인간이다. 이 상황은 '필연적으로' 보편적 실재를 수동적인 역할로 축소시킨다. 그러므로 보편적 실재는 단지 영속성과 불변성의 일부가 되며, 주목할 점은 관객이 영속성과 평온함에 상응하는 감각을 느끼게 된다는 것이다. 이때 현상의 강렬함은 생생한 암시의 질에 따라 직접적으로 영향을 받는다.

이러한 상황을 뒤집을 수 있는 희곡 작품은 없을 수도 있겠지만, 실생활에서 보편적 실재의 개념이 '능동적인' 대리인으로서 대중에게 전달되는 경우가 없지는 않다. 이런 일이 일어날 때마다 엄청난 감정의 격변, 초월적인 정신 상태 그리고 치유 현상 등과 같은 놀라운 일들이 벌어진다.

18세기 프랑스에서 일어난 다음의 사건은 이와 관련한 가장 명백한 사례 중 하나이다. 프리드리히 안톤 메스머(Friedrich Anton Mesmer; '더 알아보기' ② 참조)는 앞서 언급한 내용을 다음과 같은 방식으로 실행하였다. 그는 개인의 삶과 능동적이고 유익한 관계를 맺는 '동물자기'라는 힘이 존재한다고 가정하였다. 그는 논문에서 동물자기란 모든 물질에 포함되는 보편적인 것으로, 그것을 통해 모든 종류의 신체적 우울증이 완화되는 것을 입증하였다. 메스머 병원에서는 이처럼 보편화되고 긍정적인 기본 개념이 환자들의 마음속에서 작동하도록 하였으며, 브로버그(I. P. Broberg)는 이와 관련하여 '동물자기와 18세기 신비주의'라는 강연에서 다음과 같이 설명하였다.

"메스머의 진찰실은 방돔 광장 근처 호텔에 있었는데, 곧 파리 사교계의 휴양지로 유명해졌다. 사람들은 그 방을 실험실이라고 불렀다. 방 한가운데에는 덮개가 있는 지름 5피트 정도 되는 둥근 욕조 모양의 통이 있었다. 물이 가득 담긴 통 안에는 많은 병이 있었는데, 일부는 병 주둥이가 중앙을 향하고 나머지는 바깥을 향해 놓여 있었다. 병뚜껑마다 구부러진 쇠막대가 튀어나와 있다. 방 안의 벽은 메스머가 정한 원칙에 따라 거울로 둘러싸였고, 거울을 통해 반사함으로써 자력이 더욱 증가하였다고 한다. 환자들은 통을 가운데 두고 서로의 무릎이 닿을 정도로 가깝게 원 모양으로 둘러앉았다. 각자 손에 통에서 튀어나온 쇠막대를 하나씩 잡았다. 첫 번째 열 뒤에 두 번째 열의 환자들이 앉았고 그 뒤로도 몇 줄이 더 있는데, 서로 손을 잡아서 아무도 드나들 수 없는 상태였다. 그들은 긴 줄로 욕조 모양의 통과 연결되었다. 그리고 모든 환자는 허리에 끈을 묶어서 서로서로 연결되어 있었다.

방 안에는 신비한 석양빛이 가득하였다. 하프와 피아노로 연주되는 달콤한 멜로디가 귀를 사로잡고, 음악이 잠시 멈추면 이번에는 메스머가 직접 오르간을 연주하며 부드럽게 떨리는 소리를 들려주었다. 사람들은 통에 꽂힌 신비로운 막대를 잡고 서로 손을 잡은 채 앉아 있었다. 그들은 차례차례 이상한 감각과 경련을 경험하기 시작하였고 모두 다 하나가 되었다. 그러면 자줏빛 비단옷을 입은 메스머가 손에 쇠지팡이를 들고 엄숙하게 입장하였다. 그는 장엄하고 품위 있게 걸어 다니면서 환자들을 어루만졌다. 순식간에 격정적인 치유가 일어났다. 환자들은 벌떡 일어나 울고 웃으며 서로 껴안았다. 메스머의 진찰실에서 실제로 그 장면을 목격하지 못한 사람들은 그것이 어떤 모습일지 생각조차 하지 못할 것이다. 반면, 만약 그들을 목격한다면, 그들 중 누군가가 보여 주는 완벽한 평온과 휴식에, 그리고 또 다른 누군가가 보여 주는 격렬한 흥분에 매우 놀랄 것이다."

더 알아보기

① 제임스 브레이드(James Braid, 1795~1860)

스코틀랜드의 외과의사이자 자연 철학자. 최면술의 선구자로서 1843년 최면술이라는 용어를 최초로 사용하였다. 브레이드는 이것을 수면의 한 형태로 생각하였기 때문에 잠을 의미하는 히프노(hypno)라는 말에서 히프노티즘(hypnotism)이라고 명명하였다.

그는 최면술이 일반적인 수면과는 다른 '신경성 수면'을 만들어 낸다고 생각하였으며, 메스머리즘의 작동 방식 일부를 간파하여 연구하였다. 그 결과, 눈앞에 있는 작고 밝은 물체에 시각을 고정하는 것을 가장 효율적인 방법으로 제안하였다. 이는 단순히 시각적 측면뿐 아니라 정신건강의학에서 시각과 생각 모두를 집중시키는 주제의 중요성 강조한 것이다.

② 프리드리히 안톤 메스머(Friedrich Anton Mesmer, 1734~1815)

오스트리아의 의사이자 최면술의 창시자. 그는 수축과 팽창을 반복하는 리듬이 체내에 머무르면 병이 된다고 생각하여, 손가락으로 환부를 만지는 등의 방법을 이용해서 육체의 서로 대립하는 힘의 균형을 회복시켜 병을 치료하고자 하였다. 다음의 [그림 6-1]은 유일하게 남아 있는 메스머의 치료에 사용된 통이며, [그림 6-2]는 메스머의 치료 현장을 묘사한 것이다.

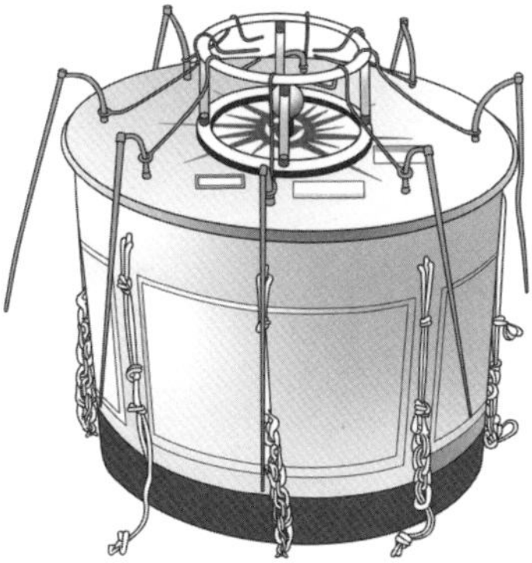

[그림 6-1] **메스머의 통**

[그림 6-2] **메스머의 치료현장**

07

초-희극

치료적 연극이 가능하다면, 지금까지 살펴본 바와 같이 보편적 실재의 내재성과 현실성을 능동적이고 유익한 측면에서 기본 개념으로 취해야 한다. 그런 다음 관객이 그 개념을 메스머(Mesmer)가 성공한 사례의 절반 정도라도 받아들일 수 있다면, 그 전파력은 공연이 끝나기도 전에 틀림없이 무대를 넘어 주관적인 대중에게 영향을 미치게 된다. 이렇게 되면 보편적 실재에 상응하는 현상이 나타나기 시작할 것이다.

메스머의 의식 절차는 기본 개념이 영향력을 행사하기까지 그리 오랜 시간이 걸리지 않았다. 이는 그의 전달 방식이 강력하고 효과적이었기 때문이다. 앞 장을 주의 깊게 살펴보면 알 수 있듯이, 그 방법론의 장점은 단 하나의 목표만 지향하였다는 것이다. 메스머는 자신의 동물자기 이론을 널리 알렸으며, 환자들은 오로지 이 신비롭고 유익한 힘의 도움을 받기 위해서 그의 호텔로 모여들었다. 그들은 그 방에 있는 모든 것이 그 존재 자체에 대한 개념을 우선적으로 생각하게끔 꾸며진 환경이라는 사실을 인식하게 되었다. 그 점에서 예외는 없었다. 벽의 거울, 가구들, 명확히 설명할 수는 없지만 전혀 해롭지 않은 장치 그리고 치료학자로서 메스머의 옷차림과 태도 등 그곳 어디에서건 환자들은 매 순간 보편적 실재의 내재성이 끊임없이 반복하여 연상되는 경험을 하였다.

이러한 메스머 사례에 힘입어 치료적 연극의 작가는 반복 연상을 통해 자신의 기본 개념을 확실하게 실현하고자 하는데, 이는 의심할 여지없이 전체 연극의 구조를 결정짓는 중요한 고려사항이 될 것이다. 하지만 말을 통해 생각을 제안하기 위해서는 먼저 표현되어야 한다. 그러므로 작가는 어떤 방식으로든 자신의 기본 개념을 구사할 방법을 모색해야 한다. 그 노력의 결과는 의심할 여지없이 함축적 가치를 지닌 대사가 될 것이다. 작가는 이것을 개막 장면에서 소개하는데, 거기에서 보편적 실재의 존재는 예측할 수 없는 성격 묘사, 또는 극작 시 단순한 우연의 결과로 표현될 수 있다. 그러나 그것은 이후에도 결코 사라지지 않는다. 그것은 계속 반복되면서 의미가 더해지고 확장하여, 마치 음악의 주제와도 같이 희곡에 녹아든다. 이처럼 작가는 관객이 긴장과 불안에 완전히 빠져들 때까지 지적이고 예술적인 기교를 사용함으로써, 보편적 실재의 내재성과 현실성을 거듭 강조할 수 있다.

나는 극 문학 가운데 같은 대사를 되풀이하면서 암시를 구체적으로 반복하고 이를 계획한 대로 대중에게서 이끌어 낸 단 하나의 예를 알고 있다. 이 경우에서도 그 장치는 관객의 마음에 직접 영향을 미치는 것이 아니라 무대 위 군중들의 마음에만 적용된다. 사건은 〈줄리어스 시저〉에서 일어난다. 안토니우스는 풍자적인 표현을 반복적으로 사용함으로써 로마인들 사이에 반란과 내분의 씨앗을 뿌린다('더 알아보기'의 ① 참조).

하지만 치료적 연극의 작가가 이처럼 반복적인 '주제'를 사용한다면, 그 장치가 장면 자체의 본질을 어느 정도 결정할 것임을 알 수 있다. 그런 일이 발생할 때마다 보다 넓은 의미를 포함하려면, 그 사이에 있는 장면들은 의미를 확장하는 데 전념해야 한다. 따라서 치료적 연극의 모든 장면은 어떤 의미에서 이전 장면의 중복이 될 것이라는 추론을 피할 수는 없지만, 그럼에도 불구하고 진전된 일보를 보여 줄 수 있을 것이다.

이러한 반복과 진보의 이중적 필요성은 음계와 유사한 방식으로 우리를 구조 안에 안착시킨다. 건반에서 각 옥타브는 동일한 음으로 시작하고 끝난다. 이 음이 음계에 나타나는 것은 주제가 반복적으로 연극에 나타나는 것과도 같다. 옥타브를 구성하는 음은 장면에 해당되며, 각 옥타브는 이전 옥타브의 정확한 복제이지만 음계가 더 높다는 점에서 한 걸음 더 나아간 것이다.

조금만 생각해 보면, 앞서 가정한 구조가 연극 자체의 주제와 중요하고 결정적인 관계를 맺는다는 것을 알 수 있다. 이러한 틀에 끼워 넣을 수 있는 유일한 주제는 발달을 조절하는 것이다. 즉, 한 상태에서 다른 상태로의 끊임없는 이행을 말한다. 또한 연극은 인간의 성격을 다루는 것이므로, 결론적으로 치료적 연극은 성격의 끊임없는 변화 또는 '형성'에 집중해야 한다.

오랫동안 연극 비평계에서는 작품에서 최소한 하나 이상의 인물이 변화하고 성장하는 것으로 그려져야 그 연극이 훌륭하다고 평가하는 것이 일반적인 공식이었다. 극장이라는 곳을 일련의 장면들이 암시 효과에 의해 계속해서 새로운 의식 상태를 생성하는 유기체로 본다면, 이 공리의 이유는 명백해진다.

이처럼 작품에서 성격 형성을 보여 주는 것이 기정사실인 만큼, 다음 단계에서는 그것이 어떤 방향으로 진행되도록 할 것인지 정한다. 하지만 대부분 생각하듯이 만약 그것이 부정적인 방향이라면 우울증이 발생하고 최악으로는 죽음까지도 초래할 수 있다. 이런 경우는 비극과 관련되는데, 지금까지 보았듯이 비극은 보편적 실재를 능동적이고 유익한 역할이 아니라 수동적인 불변성의 역할로 보여 줄 것이다. 이때 유일한 대안은 긍정적인 모습이 되는 것을 보여 주는 것이다. 이렇게 하는 것이 희극의 일반적인 방식이다.

이전에 희극은 성격의 긍정적인 발달을 단지 가장 모호하고 애매한 관습으로만 다루었다. 그것은 갱생 관련 연극에서 나오는 '순수' 치료 기법에 가장 가까운 접근법이다. 이 장의 유일한 목적은 연극의 순수 구조를 추론하는 것으로서, 긍정적인 발달을 제시하는 희극의 선례를 따를 것이며, 비극과 마찬가지로 보편적 실재의 내재성과 현실성에 대한 암시를 명백히 제시할 것이다. 이러한 유형의 연극은 '초-희극(超喜劇, The Ultra-Comedy)'이라고 부르는 편이 더 타당하다.

초-희극은 보편적 실재의 내재성과 현실성 그리고 긍정적으로 발달하는 성격이라는 두 가지 요소를 지닌다. 그리고 이 둘을 결합하면 성격, 즉 인물이 보편적 실재를 인식하는 것으로 발달하게 된다. 따라서 이를 근거로, 각각의 장면은 보편적 실재가 존재한다는 암시로 시작하여 등장인물이 그 존재를 어느 정도 의식해 가는 것을 보여 준다. 다음 장면에서 그는 이에 대해 더 많이 의식하고 계속 그런 식으로 발전해 간다.

보편적 실재의 내재성과 현실성에 대해 등장인물이 점점 더 인식하게 되는 것과 관련하여 고려해야 할 두 가지 중요한 사항이 있다. 첫 번째는 등장인물 자신이 보편적 실재를 인식하게 되는 과정이고, 두 번째는 그의 '깨달음'이 점점 커지면서 관객에게 가장 생생하게 감동을 줄 수 있는 극작 기법이다. 그러나 첫 번째 사항은 환경의 특질과 역할 전개가 설정된 배경을 숙고한 후에 논의하도록 하고, 두 번째 사항 먼저 알아볼 것이다.

앞에서 성격에 대해 살펴보았듯이, 개인의 의식적인 사고에 존재하는 것 그리고 심리치료라는 복합 성격에서 운영자가 말하는 것, 이 모든 것이 성격의 주관적 요소가 유기체 전체의 고양감이나 우울감에 해당하는 기본 개념을 구성한다. 그렇다면 아직 논의되지 않은 방식이지만, 역할이 점차 변화하면서 다각적인 관점에서 **보편적 실재**가 내재되어 있고 활동한다는 결론에 도달하기 시작하였다고 가정해 보자. 그러면 **보편적 실재**가 모든 긍정적인 속성의 일반화로 정의되었음을 알게 될 것이다. 따라서 특정 속성에 대한 개인의 인식은 긍정적인 개념을 습득한 그 이상도 이하도 아니다. 그렇게 되면 이 긍정적인 개념은 그의 주관적 구조에 영향을 미치고, 이에 대해 주관적 구조는 즉시 반응할 것이다. 이후 작가는 그 인물을 자극 상태에 있는 것으로 묘사하는데, 그는 자극의 결과로 이와 유사한 힘을 확실히 더 많이 갖게 되고 그 자극으로부터 생겨난 긍정적인 기본 개념 또한 인식한다. 이러한 자극의 상태와 힘의 갑작스런 출현은 등장인물이 **보편적 실재**에 대해 점점 더 인식함에 따른 명백한 효과이다. 이로 인해 관객은 **보편적 실재**의 내재성과 현실성을 근원적이고 능동적인 원인으로 생생하게 받아들인다.

따라서 이러한 유형의 연극이 암시하는 효과는 등장인물이 성장하면서 얻게 되는 재능의 놀라운 본성에 있는 것이 아니라 '그 자극이 등장한다는 사실' 자체에 있다. 결과적으로 작가가 자극의 상태를 더 자주 강력하게 드러내고, 보다 확실하고 즉각적이며 명확하게 표현할수록 연극은 더욱더 훌륭하고 영향력이 커질 것이다. 여기에서 작가가 강조해야 하는 주요 지점은 변화의 정도가 아니라 변화한다는 사실 그 자체이다. 그가 쓰고 있는 연극은 유도 전류와도 같다. 유도 전류나 2차 전류의 전압은 1차 전류의 강도에는 별로 의존하지 않는다. 그 대신 1차 전류가 시작하고 정지하는 돌발성과 빈도에 의존한다. 이와 같이 극 전반에 걸쳐 상황이 숨 돌릴 틈도 없이 긴박하게 돌아가는 것을 적용할 필요가 있다.

사실, 보편적 실재의 속성에 대해서 완전한 개념을 얻을 수는 없다. 왜냐하면 그것에 대한 정의는 무한하기 때문이다. 단지 작가가 기대할 수 있는 최대치는 자신의 등장인물이 긍정적인 개념을 많이 획득하는 것으로 보여 주는 것이다. 그것은 많을수록 좋다. 다행스럽게도 긍정적인 개념은 수학 과정과도 같아서 작가가 원하는 비율대로 가속화하여 더 많이 얻을 수 있다. 바로 이것이 치료적 연극을 확실한 절정에 다다르게 하는 상황이다. 이 절정과 그에 수반하는 현상에 대해서는 뒤에서 다시 이야기할 것이다.

연극이 관객의 마음에 일반화된 선의 개념을 구축함으로써 우울감을 실제로 제거하려는 것이라면, 그것이 바로 내가 생각한 바와 같이 초-희극이 다루어야 하는 인물의 '필연적인' 성장이다. 이 방법은 다음과 같이 역삼각 절단형 피라미드로 도형화할 수 있다.

[그림 7-1]에는 연속되는 13개의 장면이 있다. 이 장면에서 기본을 이루는 AA는 극의 개막 장면에서 등장인물의 의식적인 지평선을 나타낸다. 수직선 A*b*는 장면 1에서 발생하는 성장량

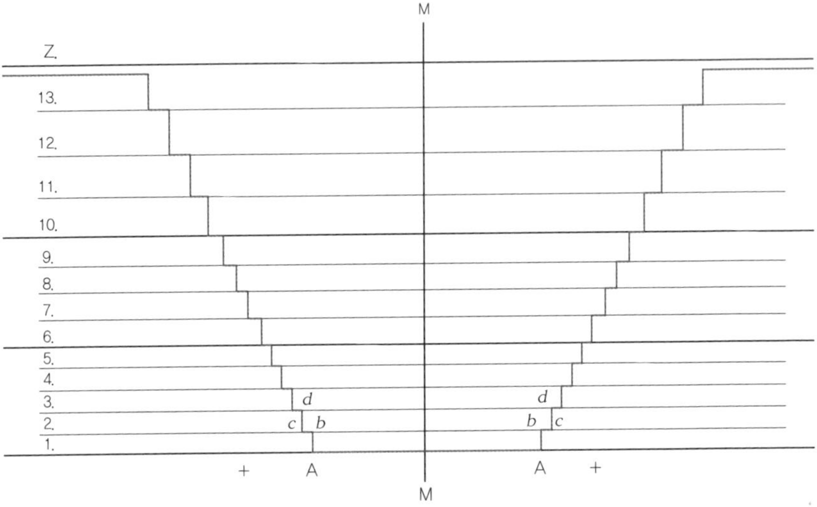

[그림 7-1] **치료적 연극의 기본 구조***

을 나타낸다. 그러나 등장인물은 *b* 지점에서 두 번째 장면을 시작하고, *c*에서 긍정적인 개념을 획득하게 된다. 이 개념이 작동하게 되면, 성장은 선 *cd*를 따라 발생하여 등장인물을 세 번째 장면 수준으로 끌어올린다. 장면 13에서 가장 많은 수의 긍정적인 개념과 가장 넓은 관점을 달성한다.

이것은 '본질적인' 구조이며, 치료적 연극의 뼈대이다. 보이는 바와 같이, 그것은 긍정적인 개념을 연속적으로 얻는 것과

* [그림 7-1]은 치료적 연극의 기본 구조로, 희극의 긍정적 구조와 개념의 발달을 나타낸 것이다. 그래프 최하단의 A는 등장인물을, +는 긍정적 영역을, 최상단의 Z는 최종 단계를 뜻한다. 또한 중심축 M을 기준으로 왼쪽은 극의 구조에, 오른쪽은 등장인물의 개념에 해당된다.

이에 따른 자극 상태만을 전제로 한다. 따라서 단지 1차 코일의 전류를 '생성'하는 것에만 관심을 둔다. 이에 대한 '차단'은 다음 장에서 살펴볼 것이다.

더 알아보기

① 〈줄리어스 시저〉

셰익스피어 作. 3막 2장 광장에서 안토니우스는 시민들 앞에서 브루투스에게 시저를 위해 추도사를 말할 수 있도록 청한다. '고매한 브루투스'와 '야심가 시저'의 단어를 반복적으로 사용한다. 명칭과 다르게 시저의 업적을 칭송하고 브루투스에 대한 두려움과 시해의 정당성 없음을 지속적으로 표현한다. 이는 시민들로 하여금 브루투스를 반역자로 생각하게끔 하여 폭동을 일으키도록 한다.

08

주관적 구조

앞장에서 치료적 연극의 가장 필수적인 요소는 성장하는 역할이 달성하는 상태가 아니라, 오히려 발달 상태로의 이행에 있다고 하였다. 물론 작가가 계속 더 높은 발달 수준을 제시할 때, 관객이 현 상태와 이전 상태를 뚜렷하게 대조할 수 있음은 분명하다. 하지만 때로는 등장인물이 일시적인 퇴행 상태를 보여 주는 것 또한 바람직하다.

발달이 심리 구조에서 긍정적인 기본 개념이 작동한 결과라면, 퇴행은 부정적인 기본 개념이 심리 구조에 정착하여 작동하는 순간 시작된다. 이러한 발달과 퇴행 현상은 치료의 복합 성격에서 잘 드러난다. 여기에서 운영자가 결핍된 개념을 최면에 걸린 사람에게 주입하면, 그의 모든 감각과 관념 작용의 놀라운 힘은 파괴되어 순식간에 강직의 마비 상태로 얼어붙고 만다.

치료적 연극에서 성장하는 역할을 맡은 등장인물이 현 사회의 도덕적 체제하에 성장한 성인으로 설정되어 극이 시작된다면, 그의 주관적인 깊은 내면에는 기본 개념을 제한하고 억압하는 전체 구조가 작동한다고 볼 수 있다. 정신 분석가들은 이것을 '심리적 콤플렉스'라고 말한다. 사실, 이러한 것들은 아직 질병처럼 명백히 비정상적인 상태로 드러나지 않을 수도 있지만, 대부분의 경우를 보면 바로 거기에 구조가 있다.

그러나 연극은 긍정적인 개념이 전적으로 보편화되는 것을 지향하기 때문에 모든 부정적인 개념은 궁극적으로 제거되어야만 한다. 따라서 이 구조는 다음과 같이 점차 소실되는 피라미드 도식으로 명확하게 제시할 수 있다.

[그림 7-1]과 마찬가지로 [그림 8-1]의 도식에는 일련의 13개 장면이 담겨 있다. 가장 아래 위치한 선 AA는 연극이 시작할

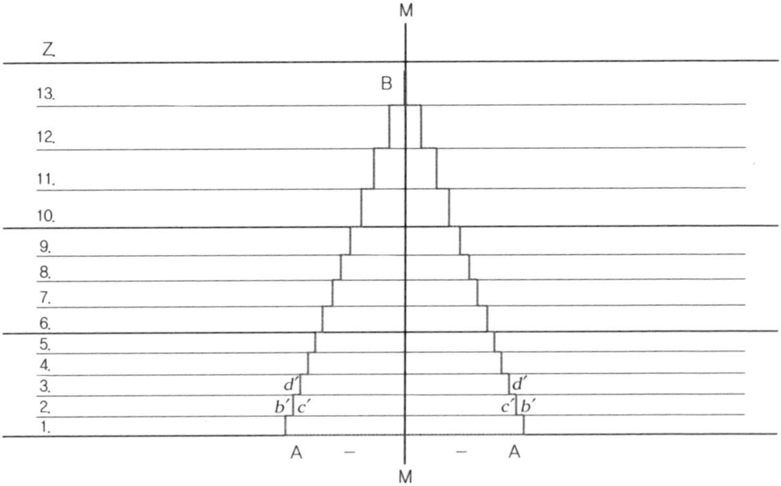

[그림 8-1] **부정적 개념의 구조**

때 등장인물의 의식 영역에 해당한다. 장면은 *b′*에서 시작하고, *c′*에서 부정적인 개념이 사라진다. 그리고 부정적인 구조는 선 *b′c′*를 따라 감소한다. 이 과정은 최종 장면인 B 지점에서 부정적 구조가 사라질 때까지 반복된다.

우리는 심리치료와 정신 분석을 통해 이러한 전개가 다음의 둘 중 한 가지 방법으로 이루어진다는 것을 알았다. 첫째, 심리 구조에 긍정적인 개념을 추가하면, 이에 상응하는 부정적인 개념은 자동적으로 사라지고 뒤이어 자극이 발생한다. 둘째, 부정적인 개념을 심리 구조에서 제거하면, 이에 상응하는 긍정적인 개념이 자동적으로 나타나고 자극이 뒤따른다. 주어진 양을 확장하는 이 두 가지 방법은 수학의 부호 법칙에 의해 명확하게 예시되어 있다. 대수학에서는 양수를 더하거나 음수를 뺌으로써 수를 무한 증가시킬 수 있기 때문이다.

이처럼 치료적 연극의 작가는 자신의 역할 전개 방식을 발전시키기 위해 두 방법 중 하나를 선택할 수 있다. 그는 등장인물의 의식적인 사고에 긍정적인 개념을 더할 수도 있고, 아니면 그로 하여금 부정적인 개념과 우울한 상황 간에 있는 인과관계를 알아차리도록 할 수도 있다. 작가는 이때 등장인물이 의도적으로 부정적인 개념을 버린 것처럼 묘사할 것이다.

이제 본격적으로 논의하기 위해 이 두 가지 기본 과정을 이상적으로 조합하면 [그림 8-2]와 같다. 이것은 결과적으로 앞서 제시한 [그림 7-1]과 [그림 8-1]의 도식을 결합한 것이다.

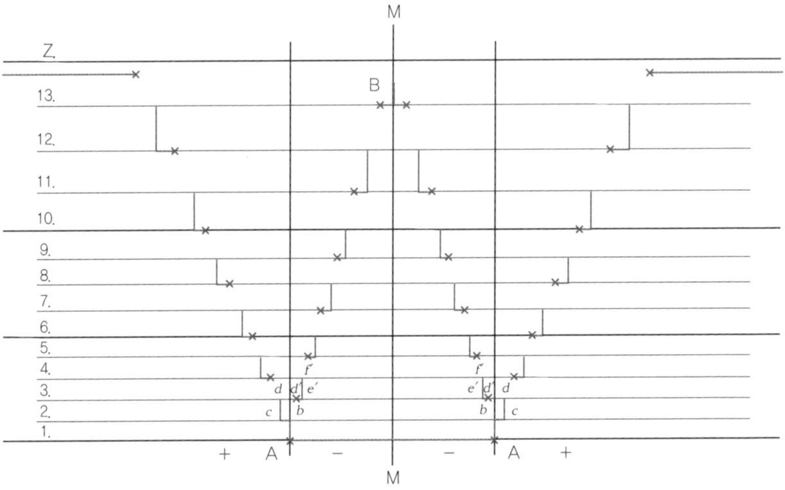

[그림 8-2] **성장의 이중 구조***

선 AA는 극 개막 장면에서 등장인물의 태도를 나타낸다. 긍정적인 장면은 *b* 지점에서 시작하고, *c* 지점에서 긍정적인 개념을 획득한다. 이 장면에서 부정적인 개념은 자동으로 사라지고 부정적 구조는 그에 상응하는 양만큼 감소한다. 성장은 *c* 지점에서 발생하여 등장인물을 세 번째 장면의 단계로 끌어올린다. 그러나 *d′* 지점에서 부정적인 개념이 작동하고 *e′* 지점에서 그 개념이 제거되는 장면이 시작된다. 이 장면에서 긍정적인

* [그림 8-2]에서 중심축 M의 좌우에 표시되어 있는 작은 가위표(×)는 각 장면에서 개념과 구조가 변하는 출발점이며, 최하단 A의 양옆에 표시된 기호 중 +는 긍정적 영역을, −는 부정적 영역을 뜻한다. 장면 13의 B는 최종 장면의 단계로, 부정적 개념이 사라지는 지점을 의미한다.

개념은 자동으로 획득되고, 긍정적인 구조는 그에 상응하는 양만큼 확장된다. 이러한 과정은 이후 최종 장면 단계에 도달할 때까지 서로 번갈아 진행된다.

이렇게 볼 때 치료적 연극의 작가는 인물이 성장하기 시작하는 순간부터 부정적인 구조가 사라지는 마지막까지 마치 '이중인격'인 것처럼 멋들어지게 다루게 될 것이 분명하다. 등장인물의 성격은 긍정적인 개념이 주를 이루는 장면에서는 몽유병 환자의 상태와 유사할 수 있다. 반면, 부정적인 개념이 상승하는 장면에서는 강직증 상태에 가까울 것이다. 앞서 언급하였듯이 이 두 성격이 더욱 뚜렷하게 대조되고 각각의 자극과 우울 상태가 선과 악에 대한 개념과 더욱 분명하게 연결될수록, 연극은 보다 훌륭해지고 점점 더 설득력을 가지게 된다. 연극이 진행됨에 따라, 몽유병 상태는 점차적으로 부정적인 장면의 구조에 가장 지대한 영향을 미치는 강직증을 대체할 것이다.

이상적인 연극에서는 각각의 부정적인 장면이 두 부분으로 구성될 것이다. 등장인물은 부정적인 개념이 작용하고 있는 첫 부분에서 우울의 나락으로 떨어진다. 그러는 사이 그가 획득한 힘은 안개처럼 사라져 버린다. 하지만 이 장면은 부정적인 개념을 제거함과 동시에 끝난다. 따라서 등장인물은 두 번째 부분에서 차츰 다시 힘을 발휘하여 장면의 절정에 이르렀을 때, 우울증의 원인이 무엇인지 알아차리고 그 개념을 의식에서 제거할 것이다.

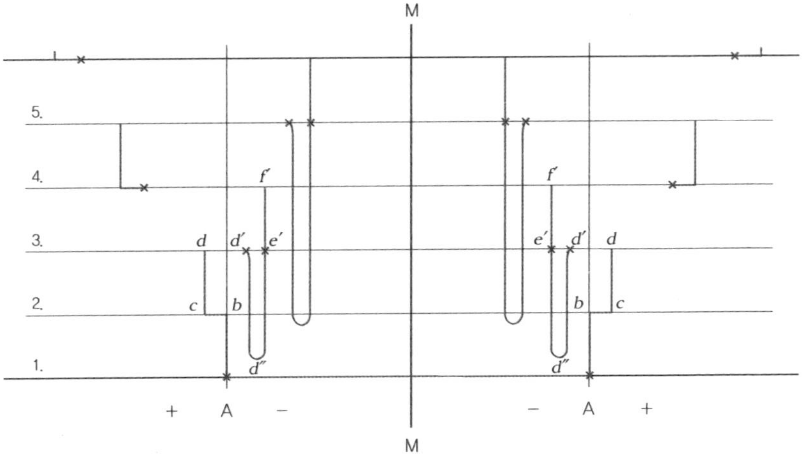

[그림 8-3] **부정적 장면의 이중 구조**

그러므로 두 피라미드 도식([그림 8-2] 참조)에서 부정적인 장면의 이중적 본성을 나타내는 장면들을 살펴보자.

[그림 8-3]에서 기준선 AA는 이전과 마찬가지로 연극이 시작될 때 등장인물의 관점을 나타낸다. 세 번째 장면인 *d′*에서 부정적 개념이 작동하면서 곧바로 A와 *d* 사이에서 일어난 모든 성장은 사라지기 시작한다. 이때 등장인물 *d″* 지점과도 같은 기본 수준에 가까워지고, 우울증은 최대치에 도달한다. 그렇게 되면 등장인물은 의식적으로 재구축하고 잃어버린 힘을 되찾기 위해 노력하기 시작한다. 그는 이전에 자신이 그런 힘들을 가지고 있었다는 사실, 즉 이전에는 우울하지 않았음을 상기할 것이다. 이러한 기억은 그의 심리 구조에서 점차 작동하게 될 긍정적인 개념을 형성하여, 부정적 개념이 작동하기 시작하였던 단

계로 돌아가게 할 것이다. 이것은 도식에서 e'로 표시되며, 여기에서 그는 부정적 개념을 제거한다. 성장은 그 즉시 발생하여 등장인물을 f' 지점, 즉 네 번째 장면 단계로 끌어올린다.

이 관점으로 따라가 보면 부정적 장면의 이중적 본질을 알아차릴 수 있다. 정신 분석가들은 자신이 수행한 수많은 꿈 분석 기록에서 이에 대해 감탄할 만큼 아름답게 묘사하고 있다.

한 가지 사례를 예로 들어 보자. 1915년 2월 『굿 하우스키핑 매거진(Good Housekeeping Magazine)』에 실린 어떤 환자에 관한 유명한 기사가 있는데, 그는 14년 동안 밤마다 싸우는 꿈을 꾸었다고 한다. 꿈속에서 그는 링에 들어가서 싸우는데, 단 한 번도 상대를 멋지게 때려눕히지 못하였다. 14년이라는 기간은 부정적인 장면의 하강 구간에 해당하며, 우울증 또한 극도로 심해져서 히스테리성 실명 증상이 나타났다고 한다. 그는 시력을 잃게 되자 조치를 취해야겠다고 결심하고, 한 달 뒤 뉴욕 병원 정신병동에 입원하였다. 이 기간은 부정적인 장면의 상승선에 해당한다. 여기서 주목할 점은 이 부분의 기록에 속하는 꿈이 전혀 다른 양상을 띠었다는 사실이다. 그는 계속해서 싸우는 꿈을 꾸었지만, 이제는 항상 승리하였다. 병원에 입원한 지 나흘 만에 그는 담당 정신 분석가의 지시에 따라 의식적으로 개념을 제거하는 것이 가능한 지점까지 자신을 구축하는 데 성공하였다. 이와 동시에 그의 시력도 회복되었다.

극작가에게 있어서, 이러한 부정적인 장면과 관련하여 정말 중요한 점은 단 두 가지뿐이다.

첫째, 등장인물이 장면의 하강 구간에 있을 때 작가는 모든 수단을 동원하여 연극에서 극적 강조점을 등장인물에서 다른 요소로, 가능하면 보다 긍정적인 요소로 이동해야 한다는 것이다. 관객이 우울의 나락으로 떨어지고 있는 인물에 대해 깊게 관심을 가진다면, 그 추락의 원인과 동일한 부정적인 개념이 무대를 넘어 관객에게 전달될 가능성이 있기 때문이다. 그렇게 되면 작가가 애써서 관객에게 전달하는 데 성공한 자극의 상태가 다 파괴되고 말 것이다. 물론, 이러한 강조점 전환은 극적 행동의 맥락을 부수적인 역할로 옮겨 감으로써 간단히 이루어질 수 있다.

둘째, 등장인물이 단호한 입장을 취하고 재구축하기 위해 싸우기 시작하는 순간, 그는 부정적이 아닌 긍정적인 전제에 의해 행동한다는 것이다. 따라서 부정적인 장면의 두 번째 부분인 상승 구간은 극의 다른 장면과 비교하였을 때 여전히 부정적이지만, 그럼에도 불구하고, '본질적으로는 긍정적'이다. 결과적으로, 그 과정에서 관객은 자극 상태가 사라질 것에 대한 염려 없이 성장하는 인물에게 다시 관심을 집중할 수 있게 된다. 이후 모든 우울증 장면의 후반부는 '부정적인 장면의 긍정적인 구간'으로 볼 수 있을 것이다.

이제 치료적 연극의 전형이라고 할 수 있는 장면들의 순서를 생각해 보자. 첫 장면에서 생각의 흐름은 어떤 면에서는 인물의 마음에서 시작하는데, 그것은 아마도 극의 주제가 떠올라 그의 관심을 끌고 그것에 대해 귀납적으로 추론하게 되면서부터일 것이다. 어쨌든 일련의 생각은 긍정적인 개념을 획득할 때 정점에 이르며, 그 즉시 성장이 이루어진다. 이 급속한 성장은 1차 코일에 전류를 '생성'하는 것에 상응하며, 그동안에는 일시적으로 이중인격의 긍정적인 구성원이 주를 이룬다. 그러다가 다음 장면에서는 과거 사고 방식의 산물인 부정적인 개념이 등장인물의 의식 속에 자리를 잡는다. 이렇게 되면 그의 자극과 힘은 사라지기 시작하고, 그 즉시 연극의 강조점이 바뀐다. 다른 인물이 행동의 맥락을 차지하고, 성장하는 역할이 바닥을 치고 재구축을 시작할 때까지 계속 그렇게 진행된다. 이러한 갑작스러운 성장의 소멸은 1차 코일에 전류를 '차단'하는 것과 같으며, 그러는 동안 이중인격의 부정적인 구성원이 급부상한다. 하지만 장면 후반부에서 등장인물은 부정적인 상황과 그에 수반되는 우울증을 거부하기 시작한다. 이러한 반항은 아마도 연극의 '주제'가 반복되는 가운데 촉발되었을 것이다. 이렇게 되면 부정적인 장면은 본질적으로 긍정적이 되고, 강조점은 다시 성장하는 역할로 옮겨진다. 장면의 이 부분은 내적 갈등과 혼란으로 가득 차 있다. 그것은 나중에 살펴보겠지만, 외부에서도 동일하게 재현될 상황이다. 그런데 이 장면은 등장인물이 부정적인 개념을 우울증의 원인으로 인식하고 이를 의식에서 사라지게 하는 것으로 절정에 이른다. 이런 일이 발생하면 급속한 성장이 일어난다. 이처럼 부정적인 개념을 제거함에 따라 이에 상응하는 긍정적인 개념이 자동으로 나타났으며, 이것은 또 다른 긍정적인 개념을 획득하고 더욱 성장할 수 있는 또 다른 귀납적 추론의 시작점을 제공한다.

바로 이것이 내가 생각하는 바, 치료적 연극의 작가가 성장하는 역할에 부여해야 하는 정신적 과정에 대한 일반적인 진술이다. 이러한 내적 과정은 다음 장에서 볼 수 있듯이 연극의 나머지 요소와 가장 중요하고 결정적인 관계를 맺고 있다.

09

희곡이라는 인격체

우리의 기본 전제를 다시 정리해 보면 다음과 같다. 즉, 치료적 연극 대본을 쓰는 작가의 유일한 목표는 관객에게 보편적 실재의 내재성과 현실성을 암시하는 것이다. 또한 보편적 실재를 모든 긍정적 속성의 완전한 일반화로 정의하였다는 점도 주목하자. 이를 주의 깊게 살펴보면, 요컨대 연극은 완전한 일반화가 어떤 것인지 암시해야 한다.

그런데 이미 언급하였듯이 이러한 속성들은 무한히 많다. 따라서 어떤 작가도 그 무궁무진한 가능성에 대해 명확하게 진술할 수 없으리라는 것 또한 확실하다. 작가가 할 수 있는 최선은 무한한 상호작용에 의해 논리적으로 발생할 수 있는 '있음직한' 속성들의 존재를 암시하는 것이다. 그는 기술과 시간이 허락하는 범위 내에서 이러한 요인들을 일반화하고, 그런 다음 보편적 실재란 어떤 것인지를 가능한 만큼 충분히 제시할 것이다.

그러나 앞에서 보았듯이 생물의 유기적 진화는 창의적 요소,

수용하고 실행하는 요소 그리고 이 두 가지가 기능하는 신체라는 물리적 도구로 이루어진 진화하는 실체 내에 존재한다는 가정하에 설명할 수 있다. 또한 125쪽의 '물질에 관한 원자, 미립자 및 전자 이론'에서 진화는 유기체가 아닌 무생물계에서 시작한다는 것을 확인 가능하다.

따라서 자연의 질서 속에 아직 나타나지 않은 모든 형태와 그에 따른 모든 속성은, 그것 역시 자연이라는 가정에 따라, 인간에게 나타나는 것과 동일한 내적 3중 구조로 설명할 수 있다. 그리고 이 개념을 분명하게 드러낸 자연과 그렇지 않은 자연 모두를 포함하는 보편적 실재로 확장한다면, '상상할 수 있는 모든 속성'에 대한 실제적 혹은 잠정적 소유 또한 설명이 가능하다. 물론, 이것은 자명한 명제이다. 즉, 보편적 실재에 독창적인 요소를 부여하는 것은 선택의 힘을 부여하는 것이고, 그것을 실행하는 요소로 인정한다는 것은 선택한 것을 창조할 수 있도록 힘을 부여하는 것이다. 반면, 그것을 물리학의 에테르와 같이 세상에 분포된 물질적 요소를 구체화하는 것으로 본다는 것은 욕망을 실제 형태로 구현할 수 있도록 도공(陶工)에게 점토(粘土)를 공급하는 것과도 같다. 어쨌든 보편적 실재의 요소들을 상정한다는 것은 그 관념에 성격의 모든 특성을 부여하는 것을 의미한다.

따라서 치료적 연극의 작가는 무한한 속성을 함축하는 어려움을 피하기 위해, 성격의 요소들을 포착하여 이를 작품 전반에 걸쳐 일반화할 수 있다.

이를 좀 더 검토해 보자. 개념을 일반화한다는 것은 어떤 특별한 것과의 연관성에서 비롯된 특성에 대한 생각을 이끌어 내는 것이다.

그러나 주지하듯이 성격의 세 가지 요소가 이미 성장하는 역할에게 부여되었다는 점에 주목해야 한다. 따라서 그것들을 일반화시키는 작가의 첫 번째 작업은 이에 대한 생각을 특정 역할과의 연관성으로부터 이끌어 내고, 이를 그 인물뿐만 아니라 그를 둘러싼 환경에도 부여하는 것이다.

이를 수행한 다음에 작가는 희곡의 전체 배역을 창의적 요소, 수용적이고 실행하는 요소 그리고 이들이 기능하는 신체적 도구, 즉 이 경우에는 극단이라는 총체적 두뇌와 신체로 구성된 단일 인격체로 보게 될 것이다. 그러면 그의 작품은 단순히 희곡 인격체의 구성 요소 간에 일어나는 상호작용에 대한 설명에 지나지 않는다. 하지만 이 상호작용이 언제나 하나의 분명한 법칙에 따라 발생한다는 사실을 명심할 필요가 있다. 그것은 개인과 치료의 복합 성격을 지배하는 것과 동일한 법칙으로서, 앞에서 이미 $x:y = y:z$라는 수학 비율로 간단하게 정리하였다. 물질에 대한 이러한 관점 덕분에 극적 기법과 등장인물의 반응에 대한 모든 문제는 가장 단순한 용어로 풀 수 있다.

희곡의 전체 배역을 하나의 인격체로 본다면, 작가의 첫 번째 과제는 이 복합적인 유기체 안에 창의적 요소가 어디에 있는지 정하는 것이다. 하지만 주인공 자신은 성장하는 것으로 표현되어야 한다. 이 과정은 개념을 더하거나 빼는 것을 수반하기 때문에, 인물의 의식적인 기능을 통해 작용하는 창의적 요소로서의 활동을 암시한다. 따라서 성장하는 역할이 적극적으로 개념을 획득하거나 제거하는 동안, 다시 말해 긍정적인 장면이 진행되거나 부정적인 장면의 긍정적인 부분이 진행되는 동안 희곡 인격체의 창의적인 요소는 성장하는 역할 자체에 존재한다고 추론할 수 있다.

작가의 다음 과제는 희곡 인격체의 두 번째 또는 심리적 요소가 무대 그림 안 어디에 있는지 결정하는 것이다. 분명히 말하건대, 주요 역할이 창의적 요소 부분을 연기하는 장면에서 심리적 요소의 역할은 남아 있는 다른 배역들로 채워지고, 그 장면에서 그들은 주관적 마음의 한 가지 법칙에 따라 반응할 것이다.

바로 이것, 즉 성장하는 역할에 대한 환경의 주관적 관계가 가장 중요하다. 이는 창의적인 역할이 전하는 모든 암시를 환경이 받아들이고 이를 엄격하게 논리적인 결과에 따라 수행할 뿐만 아니라, 항상 역할의 내적 정신 상태와 정확히 일치한다는 것을 의미한다.

등장인물의 의식적 사고와 환경의 관계는 부정적 장면의 초기 부분에서도 당연히 상응해야 한다. 즉, 인물이 개념을 취하거나 배제하는 데 적극적으로 관여하지 않고 단순히 어떤 부정적인 생각에 맹목적으로 반응할 때조차도 그래야 한다. 그런데 부정적 장면의 초기 부분에서는 앞서 언급한 조건들이 뒤바뀐다. 즉, 환경이 희곡 인격체에서 창의적 요소 부분을 연기하며, 등장인물은 주관적 · 심리적 요소의 역할을 담당한다. 하지만 그는 자신이 부정적인 개념에 반응한다는 것만으로도, 의식적으로 창의적 역할을 포기하고 스스로 환경에 귀속한다. 이는 기본적으로 모든 부정적인 개념과 연관된 생각이 창의적 힘을 지닌 것에 대항하고 결과적으로 해를 끼칠 수 있는 힘이라는 사실에서 비롯된다. 그리고 이 기본 개념이 희곡 인격체의 주관적인 구성원에게 각인되면, 그는 이를 전제로 엄격히 논리적인 결과를 도출하여 실제로 등장인물보다 더 창의적인 역할을 한다. 이것이 바로 〈로미오와 줄리엣(Romeo and Juliet)〉의 상황이다. 두 연인은 일련의 부정적인 개념으로 시작하여 쓰라리고 처참한 최후를 맞이하기까지 단 한 순간도 창의적인 역할을 맡지 않고 심리적 구성원으로서의 부분을 연기하였다.

따라서 긍정적인 장면과 부정적인 장면 모두에서, 등장인물의 정신 상태와 환경은 정확히 일치하여 항상 그대로 유지되어야 한다. 유일한 차이점은 희곡 인격체의 창의적인 요소가 긍정적인 순간에는 성장하는 역할에 있는 반면, 부정적인 순간에는 그것이 자신의 환경에 존재하는 것으로 생각한다는 것이다.

이처럼 인물의 정신 상태와 환경이 정확하게 일치한다는 사실을 근거로 볼 때, 그를 둘러싼 주변 사람들은 그 자신의 마음에서 작동하는 기본 개념 또는 '복합체'에 해당한다. 그들과 주인공과의 관계 그리고 그들이 만들어 내는 상황은 주인공의 의식 상태를 정확하게 보여 준다. 그러므로 작가는 중심인물을 통해 추구하고자 하는 발전 방향, 즉 의식적인 사고에서 추가되거나 배제되는 특정 개념들을 고려한 다음 이에 따라 나머지 역할들을 설정하면서 희곡을 구성해 나갈 것이다. 이때 희곡의 각 등장인물이 명확한 개념을 하나씩 구현하는 것으로 본다면, 역할 자체가 명확해지며 그 인물은 진정한 문학적 창조물이 될 것이다.

극이 시작되면서 중심인물은 각자 자신의 마음속에 있는 개념에 해당하는 이런저런 인물들로 둘러싸이게 될 것이다. 처음에는 이들이 집단으로 명확히 구분되지 않을 수도 있다. 그러나 인물이 성장하기 시작하는 순간 그들 간에 경계선이 나타난다. 그런 다음 작가는 환경의 두 가지 요소, 즉 성장하는 역할의 긍정적인 개념에 해당하는 역할 집단과 부정적인 개념의 구조에 해당하는 역할 집단을 다룰 것이다. 연극이 진행됨에 따라, 첫 번째 집단은 늘어나면서 점점 더 확실하게 긍정적인 성격을 띨 것이다. 반면, 두 번째 집단은 지속적으로 줄어들고, 더욱 분명하게 부정적 성격을 갖게 되어 결국에는 완전히 사라질 것이다.

이처럼 중심인물의 의식적 사고와 환경 사이의 엄밀한 일치에 기초하여, 환경은 바로 그 인물의 마음속 깊은 곳에서 벌어지는 현상과 동일한 과정을 외부에서 재현하고 경험하도록 한다. 치료적 연극을 가능하게 하는 것은 바로 이러한 상황이다. 왜냐하면 그것은 내면의 과정을 무대에서 가장 잘 객관화할 수 있도록 해 주기 때문이다. 또한 여기에서 매우 중요한 2차 과정이 발생하는데, 이에 관해서는 다음 장에서 논의할 것이다.

연극이 진행됨에 따라, 인물의 마음에서 전개되는 긍정과 부정 사이의 조율은 환경에서 긍정적인 집단과 부정적인 집단 사이에서 발생하는 재조정과 일치함을 확인할 수 있다. 결국에는 긍정이 지배할 것이기 때문에, 긍정적인 집단은 부정적인 집단을 희생하는 방식으로 확장되어야 한다는 결론에 이른다.

이것을 어떻게 성취할 것인가 하는 문제는 물론 예술가 개인이 풀어야 하는 과제이다. 그러나 이는 세 가지 일반적인 방법 중 하나로 이루어져야 할 것이다. 첫째, 인물이 긍정적인 집단에 포함되는 것이다. 이때 그는 성장하는 역할이 긍정적인 개념을 획득하는 것에 정확히 부합하며 등장한다. 즉, 그의 존재는 환경에 새로운 상황과 관계를 만드는데, 이는 개념을 획득함으로써 비롯되는 의식의 상태를 그대로 드러내는 것이다. 둘째, 그가 부정적인 집단에서 제외되는 것이다. 이때 그는 역시 부정적인 개념이 제거되는 것과 정확히 부합하며 사라진다. 그가 사라지면 그가 만들어 낸 상황과 관계가 자동적으로 소멸되고 환경은 또다시 변화한다. 셋째, 주인공이 인물과 그가 대표하는 개념을 대하는 태도가 바뀌는 것이다. 그렇게 되면 문제의 인물은 부정적인 집단에서 긍정적인 집단으로 옮겨 가는데,

이는 개념의 제거와 획득 모두에 부합한다. 이후 등장인물은 완전히 새로운 모습으로 등장할 것이다.

이처럼 성장하는 역할이 보여 주는 다양한 상태와 마찬가지로, 이런 종류의 과정에서 중요한 요소는 환경의 긍정적인 요소와 부정적인 요소 사이에서 필연적으로 일어날 수밖에 없는 투쟁의 강도가 아니라, 그 사이의 '조율이라는 사실'에 있다. 결과적으로 이러한 재조정이 좀 더 빈번하고 정확하게 이루어질수록, 연극은 암시의 힘을 더욱 풍성하게 지니게 될 것이다. 그러므로 작가는 극을 진행하면서 환경적인 재조정을 가속화하는 것이 바람직하다고, 어쩌면 꼭 필요하다고 생각할 수도 있다. 그래야만 작가가 원하듯이 등장인물이 상대적 우울 상태와 자극 사이에서 더욱 동요하게 된다.

여기에서 19세기 사실주의 법칙의 구속을 받는 작가라면 누구나 겪는 어려움이 발생한다. 작가가 극히 사실적인 기법을 고수한다면, 등장인물에서와 동일한 속도로 환경에서도 긍정과 부정의 조율을 가속화하는 것은 불가능하다. 그 이유는 간단하다. 작가는 환경에서 공간과 시간이 명백하게 드러나는 상황하에 기능하는 실체를 다룬다. 하지만 성장하는 역할의 마음속에서는 그 조건에 부합하지 않는 정신적인 이미지를 다룬다. 그럼에도 불구하고 실질적인 결과를 얻어야 한다면 내면과 외부의 일치는 당연히 뒤따라야 한다.

이러한 상황에서 작가는 필연적으로 연극의 행위를 점점 더 명확하게 심리적 영역으로 옮겨 가려 할 것이다. 거기에서는 시간과 공간이라는 기본 조건이 존재하지 않는 만큼, 환경의 여러 모습을 최대한 손쉽게 다룰 수 있다.

이처럼 행위가 심리적 영역으로 전환하게 되면 연극의 전제를 수정하지 않아도 되고, 새로운 연극적 관습의 확립이 요구되지도 않으며, 심리적 세계와 객관적 세계 사이의 어떤 경계선도 필요 없게 된다. 다만 긍정적인 장면에서, 그리고 부정적인 장면의 긍정적인 부분에서, 등장인물과 환경 둘 다 상대적인 자극 상태에 있을 때 시간과 공간의 불일치가 일어날 가능성이 있다는 사실을 관객에게 알려 주면 된다. 그러면 관객은 자극 상태가 발생하는 순간 새로운 법칙이 적용되기를 기대할 것이다. 일단 이러한 전제가 성립하면, 작가는 자극의 장면에서 등장인물들로 하여금 정신적 이미지를 지배하는 법칙과 점점 더 명확하게 일치하도록 만들 수 있다. 그들의 등장과 퇴장은 점점 더 자발적으로 이루어지며, 재조정 또한 더욱 빨라진다. 그러나 부정적인 개념이 주인공의 마음을 지배하게 되면, 작가는 즉시 그 장면이 보여 주는 상대적인 부정성과 양립할 수 있는 사실주의 법칙으로 돌아갈 것이다. 다시 말해, 시공간의 법칙을 점차적으로 제거하는 것은 엄청난 암시적 힘을 형성함에 있어서 부가적인 요소가 된다.

그러므로 이처럼 시간과 공간이라는 조건이 제거되어야 하는 시점에서 전형적인 치료적 연극이라고 할 수 있는 일련의 장면들을 살펴보자.

등장인물은 특정 장면이 끝날 때 긍정적인 개념을 습득한다. 이어서 그는 성장하고, 다른 인물들은 그 인물과의 관계 그리고 서로 간의 관계를 재조정한다. 그런데 다음 장면에서 등장인물은 부정적인 개념의 구조에서 발생하는 특정한 두려움을 표현한다. 이런 일이 일어나면 그는 희곡이라는 인격체의 창의적인 역할을 환경에게 넘겨주게 되며, 공포를 야기한 부정적인 개념에 해당하는 인물은 그에게 부정적인 암시를 전달한다. 이것이 우세하게 됨에 따라 그는 우울의 나락으로 떨어지기 시작하고, 극의 강조점은 당분간 극적 행동의 맥락을 이어 가는 긍정적 집단의 일부 구성원에게로 옮겨 간다. 이러한 상황은 인물이 재조정을 위해 싸우기 시작할 때까지, 그래서 전적으로 긍정적인 장면이 될 때까지 계속된다. 마침내 부정적인 개념이 작동한 시점과 동일한 수준의 자극이 일어나고, 개념의 제거가 이루어지는 지점에 도달한다. 그러면 즉시 급격한 성장이 일어나고, 환경 또한 해당 인물을 일시적으로 혹은 최종적으로 사라지게 함으로써 급변한다. 여기에서 두 번째 긍정적인 장면이 시작되는데, 이는 아마도 연극의 주제가 반복되면서 자극을 받았기 때문일 것이다. 이러한 과정 내내 점진적인 자극이 일어나며, 바로 이때 소위 말하는 시간과 공간의 조건이 사라지기 시작한다.

장면이 진행됨에 따라 관련된 인물들은 차츰 심리적 영역의 법칙을 따르기 시작하는데, 이에 대해 거의 알아차리지 못한다. 그들의 등장과 퇴장은 성장하는 역할이 말하는 내용의 주제와 점점 더 밀접하게 관련되며, 그들의 재조정은 더욱 빨라진다. 이 장면에서 시간을 주목해 보자. 장면은 꽤 길지만 무대에서 전개된 시간으로 보면 몇 분의 1초가 채 지나지 않아 상대적인 우울증의 다음 단계가 발생한다. 즉, 인물들은 자극이 발생하는 동안 정신세계의 법칙에 상응하는 모습을 보여 준다. 이렇게 되면 시간과 공간의 불일치가 확장되고, 심지어 어떤 인물이 등장하는데, 이후 밝혀지는 바에 의하면 그는 그 시간에 수 마일 떨어진 곳에 있었다고 한다. 이러한 상황을 보면, 성장하는 역할은 그다음 단계인 부정적인 장면이 진행되는 동안에도 통찰력을 지니고 있었던 것으로 이해할 수 있다.

이와 같은 현상, 즉 성장하는 역할의 자극과 우울의 시기 그리고 환경에서 발생하는 재조정에 관한 설명은 치료적 연극에서 이루어지는 과정으로, 이는 유도 코일에 2차 전선이 배치되어 전류가 흐르는 것과 동일한 관계로 볼 수 있다. 또한 2차 과정의 회로에서는 극한의 전압이 발생하게 되는데, 이에 대해서는 다음 장에서 살펴볼 것이다.

10

배경의 성격

또다시 연극의 조건으로 돌아가는 것을 양해하기 바란다. 치료적 연극은 관객에게 보편적 실재의 내재성과 현실성의 개념을 전달해야 하기 때문이다. 보편적 실재란 앞 장에서 정립한 바와 같이, 성격의 요소들을 완전히 일반화하는 것을 말한다.

개념을 일반화한다는 것은, 다시 말해 그것을 어떤 특정한 것과 연관하여 추상화하는 것을 뜻한다.

치료적 연극의 작가는 역할 전개에서 이미 성격의 요소들을 추상화하였고, 이를 역할뿐만 아니라 모든 등장인물에게까지 부여함으로써 어느 정도 일반화하였다. 이러한 요소들은 다음과 같은 방식으로 더욱더 일반화될 수 있다. 즉, 역할 전개 자체에서 성격의 요소들을 인식하고, 특정한 연관성에서 추상화하며, 일반화하여 표현하는 것이다. 이처럼 작가가 희곡을 구성할 때 수행한 것과 동일한 과정이 무대에서 재현된다.

따라서 등장인물의 알아차림과 성격 요소의 일반화는 '2차 일반화 과정'으로, 그리고 작가의 마음속에서 발생하여 극의 구조를 결정짓는 과정은 '1차 일반화 과정'으로 볼 수 있다.

여기에서 이러한 2차 일반화 과정이 별생각 없이 앉아 있는 관객의 마음속에 어떻게 전달될 수 있을까 하는 의문이 생길 수 있다. 이에 대한 답은 상상할 수 있는 가장 간단하고 자연스러운 방식에 있다. 만약 작가가 작품 구성에서 등장인물이 자극과 우울증 사이를 오가는 것을 알아차릴 수 있도록 플롯을 짠다면, 그 인물은 금방 이러한 상황을 인식한다. 이때 두 상황을 넘나드는 움직임은 당연히 환경에 부합한다. 그리고 이를 의식하기 시작한 순간 그는 그 현상에 대해 귀납적으로 대응하기 시작할 것이다. 모든 행동을 관찰하여 원인을 찾는 것은 인간 마음의 특성이기 때문이다. 따라서 연극이 진행됨에 따라, 등장인물은 부정적인 개념이 계속하여 우울증을 유발하고 긍정적인 개념들은 자극을 일으킨다는 것을 알게 된다. 그러면서 그는 차츰 자신이 진정한 '정상' 상태일 때에는 어디에서건 긍정적인 개념만이 있어야 한다는 결론에 도달하게 될 것이다.

이러한 귀납적 과정은 먼저 연극의 '주제'가 나타나면서 시작되고, 이후 자극과 우울증을 오가는 가운데 계속된다. 이것은 등장인물이 새로운 긍정적인 개념을 취하거나, 아니면 낡은 부정적인 개념을 근절하는 방법을 구성하며, 앞서 보았듯이 더 많은 귀납적 작용 현상들을 촉발한다.

등장인물은 자신의 성격이 긍정적인 개념과 부정적인 개념에 즉각적으로 반응하는 것을 알고 나서 잠시 의도적으로 긍정적인 개념만 작동하도록 한 다음에야, 비로소 환경이 자신의 생각에 부합하며 항상 똑같은 방식으로 반응해 왔다는 것을 인식할 수 있을 정도로 성장한다. 그는 이제 원하는 목적을 달성하기 위해 의식적으로 생각을 바꿀 것이고, 환경도 마찬가지로 변한다는 것을 알아차릴 것이다. 그러나 환경이 성격의 법칙을 따른다는 사실을 알게 되면, 그로서는 그 법칙을 필연적으로 보편화하고자 할 것이다. 마치 과학이 거듭 반복되는 작용을 관찰한 결과로 마침내 중력의 법칙을 완전히 일반화한 것처럼 말이다. 그는 그 특정한 연관성으로부터 또다시 성격적 특성을 끌어내어, 이번에는 그것을 물감과 캔버스로 표현되는 무대 배경 또는 자연계에 속하는 것으로 보이게끔 할 것이다.

따라서 연극이 진행됨에 따라 등장인물은 차츰 자신이 어떤 보편적인 세상 속에서 살고 있다고 생각하게 되는데, 그 세상의 뚜렷한 특징은 의식적 사고에 대한 반응이다. 그리고 성장하는 역할과 주변 환경은 항상 정확하게 일치해야 하므로, 작가는 예술과 극작법의 모든 자원을 활용하여 자연계의 존재란 단지 대응하는 요소임을 보여 주기 위해 노력할 것이다. 이러한 대응성이 증가한다는 사실은 성격에 근접할 때 나타나는 현상을 통해 알 수 있다. 그것은 인과관계에서 인물의 행동과 대사로 표현되는 정신적 삶과 확실히 연결되어 있다.

여기에서 주목할 점은 대응성이 성격의 핵심 요소라는 것이다. 이러한 특성이 처음에는 등장인물, 그다음에는 환경 그리고 마지막으로 자연계에서 구축되면, 작가는 연극이라는 단순 구조가 허용하는 만큼 성격의 요인들을 일반화할 것이다.

앞에서 2차 일반화 과정은 대략 세 단계로 나뉘는 것을 알았다. 이는 우리가 살펴보고자 하는 이상적인 연극에서도 세 가지 자연스러운 행위의 구분을 제공한다. 이를 근거로 보면, 1막에서 인물은 주로 자극과 우울증 사이를 자주 넘나든다.

그러는 동안 환경 또한 내내 비슷하게 변화한다. 그리고 극이 끝날 때까지 등장인물 스스로 성장하면서 계속 긍정적인 개념을 선택하고 부정적인 개념을 버리면서 환경적으로 조정한다는 것을 알게 될 때, 환경 변화에 대한 인식이 비로소 의식의 범주에 들어온다.

2막에서도 역시 자극과 우울의 시기가 계속되지만, 등장인물은 더 이상 여기에 관심을 두지 않는다. 대신 그는 자신의 성장과 극 전개를 빨리 진행하기 위해서 보다 일반적인 상황에 주목하며 귀납적인 방식으로 행동한다. 극이 막바지를 향해 가면서 배경의 성격은 구체화되기 시작하고, 인물은 마지막 장면까지 성장하는 가운데 결국 그 현상들을 하나하나 깨닫게 된다.

3막에서 등장인물은 더 이상 자극과 우울의 현상이나 환경의 조정에 관심을 두지 않는다. 오히려 그는 배경이 지닌 보다 일반적인 현상에 집중하며, 연극의 절정이 마침내 급물살을 탈 때까지 자기 자신과 극 전개에 더욱 박차를 가한다.

이처럼 작가는 연속적인 단계를 거치면서 관객을 성격의 보편적인 개념으로 안내한다.

이렇게 되면 이중 피라미드의 모형이 다시 수정되어야 한다는 것은 분명해진다. 극이 진행되면서 이러한 자연스러운 막의 구조뿐만 아니라 취사선택하는 개념의 점점 일반화되어 가는 특성도 고려해야 하기 때문이다. 이는 [그림 10-1]에서 확인할 수 있다.

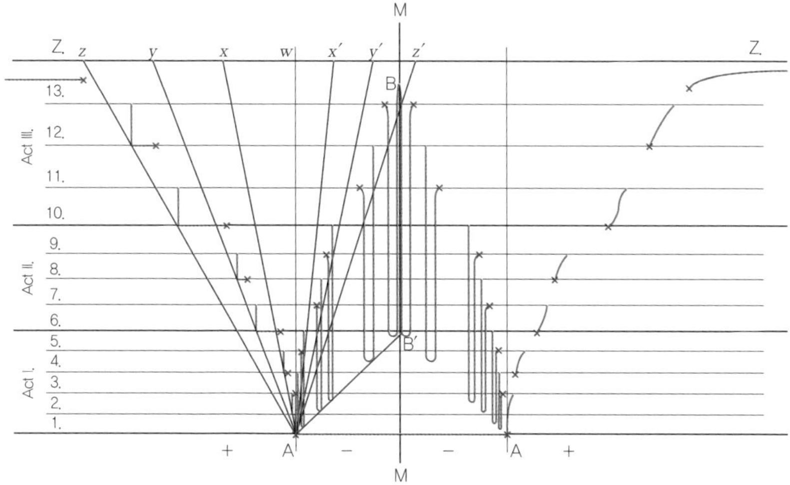

[그림 10-1] **치료적 연극의 종합 구조***

* [그림 10-1]은 [그림 7-1], [그림 8-1]~[그림 8-3]을 종합하여 구성한 것이다.

[그림 10−1]은 앞의 그림과 마찬가지로 연속되는 13개의 장면이 있으며, 장면 5와 6 사이, 장면 9와 10 사이에 막 구분이 있다. 선 AA는 극 개막 장면에서 인물의 의식적 범위를 나타내고, 선 ZZ는 3막이 끝났을 때 그의 세계관을 나타낸다. 역 피라미드 모형 ABA는 부정적인 개념들의 구조를 나타낸다. 여기에서 상대적인 우울의 순간에 부정적인 장면들이 휘몰아치고, 등장인물은 그 장면과 선 AB 사이를 계속 오고간다. 주요 축인 MM의 왼쪽 부분만 보면, 세 개의 삼각형 A*wx*, A*xy* 및 A*yz*는 일반화의 영역을 나타낸다. 첫 번째 A*wx*는 주로 자신의 성격과 관련된 인물의 개념이며, 이는 자극과 우울증 기간을 관찰하여 파악한 것이다. A*xy* 영역은 환경의 성격과 관련된 보다 더 일반화된 개념으로서, 이는 환경 변화를 관찰함으로써 알게 된 것이다. A*yz* 영역은 배경의 발전적인 특성과 관련되는 것으로, 그것을 관찰하여 파악한 더 넓은 개념에 해당한다. 부정적 영역에 해당하는 것은 보조 축 A*w*의 오른쪽에 동일한 순서로 놓여 있다.

이제 긍정적인 경로나 부정적인 경로 둘 다 상승할 수 있음을 알게 되었을 것이다. 지금까지 살펴본 연극에서는 이 두 가지 방법의 이상적인 조합을 보여 준다. 이 상황은 각 장면의 구획으로 올라가는 선을 끊어서, 작은 가위표(×)로 표시된 출발점이 축 A*w*의 왼쪽과 오른쪽에 번갈아 놓여 있다. 등장인물의 긍정적인 개념이 일반화되거나 부정적인 구조가 감소하는 정도는, 어떤 장면에서든 이 출발점을 지나 왼쪽 혹은 오른쪽으로 멀어진 거리로 측정한다. 반면, 인물을 다음 장면으로 끌어올리는 수직선은 그러한 개념의 획득 또는 제거에서 비롯되는 성장량을 나타낸다.

[그림 10-1]에서 1막의 장면 시작점은 A*xx*′ 영역 내에서만 오락가락하는 것으로 보인다. 즉, 인물은 자신의 성격과 관련된 현상만을 관찰하고 귀납적으로 행동한다. 그러나 2막에서는 다양한 장면의 시작점이 A*yy*′ 영역 내에서 더 광범위하게 오고가며 펼쳐진다. 다시 말해서, 개인적 현상이 지속되기는 하지만, 등장인물은 주로 '환경의 성격' 관찰에서 파악한 내용 중에 보다 일반적인 개념에 집중한다. 하지만 연극이 진행 중일 때 '배경의 성격'이 나타나기 시작하고, 막이 끝날 때쯤 그는 그것의 내재성을 인식하게 된다. 그리고 3막에서 그는 주로 배경의 현상에서 발생하는 개념에 몰두하며, 따라서 장면의 시작점은 훨씬 더 확장된 영역인 A*zz*′ 내에서 오고가는 것으로 표현되어야 한다.

개념의 일반화와 인물의 성장을 각각 수평선과 수직선으로 표현하는 방식은 매우 편리하지만 자의적이다. 따라서 나는 도형의 오른쪽에서 이 방법을 사용하지 않고 대신 두 과정의 결과물을 단순하게 그려 넣었다. 결과적으로 이어지지 않고 끊어져 있으면서도 상호보완적으로 상승하는 두 개의 곡선으로 표현하였는데, 하나는 보조 축의 왼쪽인 부정적 영역에 있고 다른 하나는 오른쪽인 긍정적 영역에 있다.

도형 오른쪽 부분을 보면, 장면 13에서 부정적 구조가 사라지는 것을 볼 수 있다. 바로 이때, 긍정적인 개념은 '완전히' 보편화된다. 즉, Z 단계에서 가설적으로 얻어지는 조건이다. 따라서 이 장면에서 달성한 일반화의 양은 단언컨대 무한히 많다. 이를 적절히 표현하기 위해서는 등장인물이 최종 단계로 올라가기 전에 긍정적 상승 곡선의 수평 성분이 무한히 길어져야 한다. 결과적으로 상승 곡선은 이 지점에서 급격히 굽어지면서 선 Z의 한계선까지 지속적으로 접근하지만, 이 경우에서 그것은 무한대에서만 만날 수 있다. 그러므로 이 마지막 장면은 '우리가 원하는 만큼 선 Z에 가깝게' 곡선을 그리는 것으로 이해할 수 있다. 이를 인물 확장이라는 용어로 빗대어 설명한다면, 주인공은 부정적인 구조가 사라짐과 동시에 우리가 선택한 정도의 성취감을 이룬 인물로 제시된다는 것이다.

이제 긍정의 상승 곡선이 갑자기 무한대로 향하는 극의 절정 장면을 논의하기 앞서, 다른 두 가지 요점, 즉 일반화 과정이 극의 다른 인물과 비교하여 성장하는 역할에 미치는 영향 그리고 그것이 배경에서 촉발되는 현상의 본질을 살펴보자.

인물 자체가 개념을 획득하고 일반화하는 이러한 귀납적 과정들은 지금까지 그랬던 것처럼 '성격의 내적 여백'을 만든다는 것이 분명하다. 그것은 환경 안의 어떤 특정 사람이나 사물이 아니라, 연극이 진행됨에 따라 자연계에 등장하는 전적으로 보편적인 성격에 상응한다. 이러한 성격의 여백은 그것을 발생시키는 일반화가 점점 더 광범위해짐에 따라 더욱 넓어질 것이다. 그것은 이어지는 장면마다 인물로 하여금 극의 토대로부터 점점 더 확실히 올라가게 할 것이다. 따라서 그는 결코 긍정적인 또는 부정적인 집단 중 하나 매몰되지 않는다. 오히려 그는 소위 인물 군상이라 할 수 있는 그들과는 반대로, 더 고차원적이고 더욱 편안한 안정 상태로 나아간다. 부정적인 장면에서 인물이 비정상적으로 우울해질 때 그보다 덜 우울하였던 기억을 떠올리도록 하고, 재조정이 가능하다는 믿음과 의지를 갖도록 하는 것이 바로 이 성격의 여백이다. 그것은 또한 긍정적인 장면에서도 그 인물로 하여금 자신의 긍정적인 개념에 부합하는 사람들에게조차 거리를 두게 하여, 그들이 무의식적으로 반응하는 법칙이 어떻게 작동하는지 알아차리게 한다. 이처럼 연극이 전개됨에 따라, 주인공은 긍정적 인물과 부정적 인물보다 앞서 나아가는데, 그들은 특정 개념을 대표하면서도 그 법칙을 인지하고 일반화하는 것으로 묘사되지 않을 수도 있다.

이제 배경에서 성격의 내재성을 암시하는 상황을 주목해 보면, 그것이 무엇이든지 간에 예술가의 상상력이 만들 수 있는 것임을 알게 된다. 보편적 실재가 성격의 세 가지 요소를 구현하고 '모든 것'을 포함한다고 가정한다면, 개인에게 나타나는 창의적 요소가 심리적 요소에 작동함에 있어서 그 사람의 신체적 성격의 한계로 한정시킬 이유는 단연코 없다. 그가 습관적으로 그러한 방식으로만 작동한다고 생각하는 경우를 제외하고 말이다. 이 제한적인 기본 개념이 산산조각 날 때, 개인에 내재된 창의적 요소는 자유로워진다. 그렇게 되면 창의적 요소가 선택한 보편적인 현상 안에서 어떤 인과관계든지 언제든 어디서든 시작될 수 있다. 심리치료에서는 분명히 이런 일이 일어난다. 심리치료에서 환각은 중요성 테스트에 부합하는 것으로, 공간 어느 곳에나 투사된다.

자신의 성격 개념을 의식적으로 일반화하고 있는 인물이, 앞서 설명한 방식으로 그의 창의적인 힘을 제한하는 기본 개념을 산산조각 내고 있다는 것을 살펴보자. 이 과정이 계속됨에 따라 그의 의식적 사고는 보편적 현상, 달리 말해 자연계에 기록될 수 있으며, 이러한 현상의 특성은 오직 그것들을 존재하게 하는 개념의 본질에 의해서만 결정될 것이다. 따라서 치료적 연극의 작가는 상상력을 자유롭게 발휘할 수 있다. 혹시 그가 기적과 마술의 역사로 관심을 돌려서 앞서 언급한 것과 같은 3중으로 된 세계를 기반으로 그들의 이야기를 풀어낸다면, 그는 자신이 필요로 하는 만큼 수많은 종류의 현상들을 찾을 수 있을 것이다.

제시된 현상들은 자연 법칙을 부분적으로 수정하는 것에서부터 물질의 결합과 해체에 이르기까지 모든 것을 포함할 수 있다. 하지만 그 강도와 크기는 그것의 발생 시점까지 주인공이 성장한 총량에 따라 명백히 정해질 것이다. 만약 그것들이 성격적인 면에서 충분히 동기부여가 되지 않는다면, 작가는 초자연적인 것을 다룰 것이다. 그렇게 되면 관객은 따라가지 못한 채 연극의 힘은 반감될 것이다.

이제 긍정의 곡선이 갑자기 확장하여 완전한 보편화를 이루는 절정 장면으로 돌아가서, 소위 말하는 연극의 단면을 현재 시점으로 살펴보자. 3막 내내 반복된 '주제'는 관객들로 하여금 극의 기본 개념을 섬세하고 능숙하게 연상하도록 하였다. 주인공은 자신의 의식에서 부정적인 개념을 많이 없앴으며, 그때마다 자극이 뒤따랐다. 그 결과 관객은 이제 진정한 정상 상태에서는 부정적인 개념이 없으며, 따라서 어떤 우울함도 존재할 수 없다고 느낀다. 게다가 긍정에서 부정을 오가는 상태는 그의 마음속에 내재된 능동적인 원인을 끊임없이 생각하게 하였다. 다음으로, 그는 환경이 성격의 울타리 안으로 들어오는 것과 주인공이 자신의 삶의 조건을 마음대로 조정할 수 있는 지점까지 성장하는 것을 지켜보았다. 마침내 관객은 동일한 법칙에 따라 배경이 변화하는 것을 보았고, 등장인물의 의식적 사고에 점점 더 반응하게 되었다.

이러한 연극의 절정 장면은 긍정적인 혹은 부정적인 경로로 접근할 수 있음을 유념해야 한다. 다시 말해서, 발달의 최종 단계는 마지막 긍정 개념의 취득 또는 마지막 부정 개념의 제거를 포함할 수 있다. 첫 번째 경우인 긍정 개념을 취득할 때에는 차츰 평온해지는 느낌이라면, 후자의 경우에는 갈등이 점점 커지는 것을 느낀다. 하지만 어느 경우든, 부정적인 장면에서 확인하였듯이 인물은 긍정적인 전제에 따라 행동할 것이다. 따라서 장면은 본질적으로는 부정적이라고 해도 긍정적으로 바뀌며, 마지막에는 마음속 깊은 곳까지 다가간다. 이러한 이유로 이제 주변 인물들은 정신적 이미지를 지배하는 법칙에 더욱더 순응하고, 시간과 공간의 요소들은 거의 다 사라졌으며, 주인공의 힘은 가장 빠른 속도로 확장된다. 그러는 동안 배경은 반복 현상을 통해 점점 더 개별적인 것들로 변화하는데, 그때마다 관객들은 그것이 어떤 낯설고 새로운 양상을 띠기를 기대한다.

그러나 마지막에 긍정적인 경로를 따랐다면, 긍정적 개념의 일반화는 거의 완성된다. 모든 특정 개념과 이에 해당하는 모든 인물은 사라지고, 강렬한 고요가 일어난다. 반면에 부정적인 경로를 따랐다면, 갈등은 마지막 부정적 개념이 없어질 때까지 더욱 심각해진다. 이렇게 되면 그에 상응하는 인물은 사라지고, 잠시 후 모든 긍정적인 개념이 일반화되며, 다시 한번 강렬한 고요함이 돌아온다.

이제 어떤 현상이 그것을 불러일으키는 마지막 정신적 행위만큼 본성적으로 긍정적 · 일반적인 배경에서 발생하게 될 것인가? 분명히 적절한 대응은 단 한 가지뿐이다. 즉, 순간적이지만 강렬하고 보편적이며 압도적인 '빛'이다.

그와 같은 현상은 말할 것도 없이 심적으로 성숙한 상태에 가장 근접한 사람들의 진술과 일치한다. 그러나 그것이 일치하든 그렇지 않든 관객에게 주어지는 빛의 암시 효과는, 특히 불행한 장면 직후에 나타난다면 그야말로 굉장할 것이다.

배경이 번쩍이는 빛으로 표현되는 바로 이 순간은 개인과 우주 의식의 융합을 나타내는 것과 다름없다. 그것은 모든 위대한 종교가 기원하고 묘사하는 '하늘과 땅의 결혼'이며, 당연히 이것을 극화하는 것이 치료적 연극의 작가가 지향하는 유일한 목표이자 목적이어야 한다.

그의 연극은 이 시점에서 멈출 필요가 없으며, 또한 흐지부지하게 끝날 필요도 없다. 오히려 반대로 부정적인 개념이 재등장하고 나면 계속해서 빛이 통과하여, 인물은 안정을 찾고 비로소 인간이 아닌 신성한 존재가 된다.

극작가는 자신의 인물에 대해서 다음과 같이 생각한다. 즉, 그는 개인의 창의적 요소가 보편적 심리 상태에서 연속적인 인과관계를 시작할 수 있으며 또한 실제로 그런 것으로 인식한다. 우리가 상황이라고 부르는 망은 이렇게 엮인다. 작가에 따르면 그 인물은 또한 연속적인 인과관계가 보편적 창의성에 의해 개인의 심리 안에서 시작하고 유지된다는 것을 알고 있다. 이는 대부분 잠재의식적으로 일어나는데, 그는 바로 그것이 삶의 지속적인 현상을 나타나게 한다는 것도 알고 있다. 따라서 작가는 개인과 보편적 실재는 사실상 하나이며 우주와 마찬가지로 스스로 유지하고 자체적으로 진화하는 개체라는 사실을 자신의 인물이 인식하는 것으로 제시한다. 이 지점에서 우주적 진보와 양립할 수 있는 모든 상상 가능한 현상은 인물의 성격과 연관되며, 결국 그는 감각 지각의 범주를 넘어서는 것으로 묘사될 수 있다.

11

극적 선택과 결론

지금까지 연극의 전체 구조를 좌우하는 암시의 법칙이 극작가에 의해 위대하고 건설적인 목적으로 바뀔 수 있는 방법을 살펴보았다. 이러한 논의는 본질적으로 순전히 이론적일 수밖에 없었다. 따라서 이론적 연구가 모든 실제적 성취의 기초라는 것을 유념하면서, 가능한 한 간단하고 가시적인 형태로 다음과 같이 결론을 정리한다.

1. 연극은 최대한 많은 사람에게 건설적인 암시를 포괄적으로 적용하기 위해, 가장 보편적인 긍정적 개념을 전제로 삼아야 한다. 전제가 광범위할수록 그것이 다룰 우울증의 특정한 사례는 더 많아진다. 그리고 지금까지 살펴보았듯이 가정할 수 있는 가장 광대한 전제는 보편적 존재의 내재성과 현실성이다.
2. 앞서 브레이드(Braid)가 말하였듯이 "최면은 항상 단일 관

념론의 작용 결과", 즉 사물이나 개념에 대한 전체 관심의 집중이므로, 치료적 연극은 그 전제를 가장 엄격하게 고수해야 한다. 이 전제는 보편적 존재가 각 개인에게 미치는 영향을 묘사할 때 가장 잘 전달될 수 있다. 이러한 단일 관념론의 요구는 우리를 어떤 구조에 안착하도록 하는데, 그 안 어떤 부분이든지 반복과 진보의 요소들이 다 담겨 있다.

3. 역할 전개에서는 정상 범위를 넘어선 자극 그리고 정상 이하의 우울증이 선명하게 드러난 상태가 나타나야 한다. 이러한 움직임은 희곡의 대사 그리고 인과관계를 통해 등장인물이 점차 **보편적 실재**에 대해 알아 가는 것과 직접적으로 연결되어야 한다.
4. 등장인물의 의식적 사고와 즉시 펼쳐지는 환경 사이의 상응이 엄격하게 유지되어야 한다. 그리고 모든 환경의 변화는 인과관계 안에서 인물이 더욱더 인식하게 되는 과정과 동일하게 직접적으로 연결되어야 한다.
5. 이러한 인식 과정이 계속되면서 긍정적 개념을 반복하여 보편화함에 따라, 인물의 성격이 성장하는 모습이 배경에 나타나야 한다. 그래야만 보이지는 않지만 확실히 반응하는 존재로 극장 안이 차고 넘치게 될 것이다.

이 다섯 가지 법칙을 좀 더 요약하면 다음과 같다. 즉, 작가가 역할 전개에서 성격의 존재를 상정한 다음 그 성격을 작품

전체를 통해 연속적이고 빠르게 확장한다면, 그는 가장 확실한 치료적 성과를 얻을 것이다.

연극이 이러한 요구 조건을 충족하고 그것과 관련하여 성격이 놀라울 정도로 성장하는 과정을 용기 있게 보여 준다면, 그것은 지난 세기의 사실주의 연극에서 근본적으로 벗어날 것이다. 여기에서 주목할 점은 그 작품들이 사실주의의 법칙을 능가한 이유가 삶을 충실하게 묘사하지 않았기 때문이 아니라, 작가의 입장에서 더 넓은 시야를 확보하고, '극적 선택의 법칙'을 이전보다 더 지적이고 포괄적으로 적용하기 때문이라는 것이다.

극적 선택의 법칙은 다음과 같이 간단히 정의된다. 작가는 진부하고 사소한 것은 제외하고 인물의 성장을 극적으로 흥미롭게 전개할 때 전체 인생에서 중요한 순간만, 다시 말해 오직 이야기가 실제로 진전되는 단계만을 선택하고 다른 가치 없는 것들은 모두 버려야 한다는 것이다.

그러나 작가의 비전이 자신이 그리는 이야기의 인물뿐만 아니라 관객, 더 나아가 인류 전체에 대해 선택한 단계를 전형적으로 만드는 것이라면, 그의 작품은 '보편성'의 특질을 지니고 있다고 볼 수 있다. 예전에는 이와 같은 창작을 주로 작가가 속한 민족의 신성한 작품으로 인정하였다. 그것은 언제나 위대한 것이었고 관습이 바뀌어도 존속하였다. 그러므로 가장 위대한 작품은 새싹(embryo)과도 같아서 그것이 성장하는 동안 민족의 경험을 가장 완벽하게 전형적으로 보여 주는 것이라고 할 수 있다.

민족의 진보를 돌아보면, 기록되지 않은 역사의 암울함에서 인간의 정신이 처음 나타나는 시점부터 고도로 민감하고 교양 넘치는 현재에 이르기까지, 총체적인 정복과 변화 속에서 눈에 띄게 두드러지는 한 가지 사실은 다음과 같다. 즉, 그 어떤 민족도 애니미즘에 대한 원시적 믿음을 초월하고 우주의 유일신 개념에 도달하기 전에는 진보를 인식할 수 없다는 것이다. 이것은 심리학적으로 볼 때 타당하다. 물활론적인 믿음이란 지배적이고 악의적인 힘의 존재에 대한 믿음이다. 이 부정적인 기본 개념들이 사라지고 나서야 민족의 정신은 얼어붙은 공포의 상태로부터 해방되기 시작하였다. 그때서야 비로소 민족의 정신은 예술과 과학의 발전에서 스스로 표현할 수 있었다. 바로 이러한 상황 덕분에 '문명의 역사는 유일신교의 발전과 확산의 역사 그 이상도 이하도 아니라는' 명언이 생기기도 하였다.

그러므로 현대 극작가가 민족의 경험을 가장 완벽하게 전형적으로 보여 주고자 한다면, 극적 표현을 위해 핵심이 되는 순간을 선택하는 것이 최선의 방책이었다. 바로 그 순간에 우리의 마음은 제각각 애니미즘의 거짓된 믿음에 지나지 않는 부정적 개념의 지배에서 벗어나, 앞에서 살펴본 범신론적 유일신교라는 개념을 향한다. 또한 이것을 거치고 나면 뒤이어 자연스럽게 치료가 이루어지는데, 바로 그 점이 이와 같은 전환이 제시되어야 하는 또 하나의 매우 실용적인 이유인 것이다. 나아가, 그러한 전환의 제시가 작가의 일반적인 목표가 된다면, 그 연극이 사회 구조에 미치는 영향은 예측 가능한 범위를 훨씬 넘어서게 될 것이다.

마무리에 앞서, 이런 유형의 연극이 우선될 수 있는 조건을 검토해 보자. 오늘날 미국에는 그와 같은 범신론적 유일신교를 삶의 초석으로 받아들이는 수천 명의 사람들이 있다. 그중 수백 명은 각별히 신의 내재성과 실재성을 생생하게 깨달음으로써 더 나아지기 위해 내적으로 달라지는 것을 경험하였고, 이 중 한 명 이상의 사람들이 연극을 보았다고 할 수 있다. 그 과정에서 작가와 배우가 또 다른 생생한 깨달음을 줄 수 있다면, 그와 동일한 내적 조율이 다시 일어날 가능성이 있다. 즉, 그 당시 우울한 상태가 무엇이든지 간에 사라질 것이다. 이런 일이 일어나야 하고, 그 사실이 알려져야 한다고 가정하자. 그 소식은 점점 더 많은 사람을 끌어모을 뿐만 아니라 대중의 마음속에 기본 개념을 형성하여 더 많은 조율이 가능한 상황을 만들어 줄 것이다. 일단 이러한 일이 시작되면, 그것은 전염병처럼 확산될 가능성이 매우 높다. 이는 죽음을 초래하는 것이 아니라 단지 치유가 확산되는 계기가 될 것이다.

이러한 심리적 자극의 파도는 신체를 낫게 하는 등 특별한 상태의 제반 현상들을 수반하며 이따금 서유럽에 휘몰아치곤 하였다. 과거에는 그들의 행적이 이단자와 주술사들로 판결받아 처형되었는데, 그러한 순교자들의 명단은 수천 명에 이른다. 또한 이러한 심리적 전염이 전국 방방곡곡까지 감탄할 정도로 빠르게 전파되었던 것을 살펴보면, 놀랍게도 권력자들이 기존의 질서가 완전히 무너지기 전에 극단적인 방법으로 그들을 근절하고자 노력하였다는 것을 알게 된다. 알비주아파, 몬타누스파, 바오로파, 위그노파 그리고 소위 이단으로 불리는 많은 다른 종파의 역사를 통해 우리는 사람들에게 영향을 미쳤던 일화들을 확인할 수 있다. 그중 한 사례를 보면, 보수파에 속하는 신경학자인 비에른스트룀은 다음과 같이 간결하면서도 도저히 믿기 어려운 이야기를 기록하고 있다.

> 이처럼 불안한 상황은 전염성이 매우 강하다. 18세기 초 도피네 지방 출신의 한 칼뱅파 수도승은 혼자서 온 마을 사람들에게 예언의 영을 전파하였다. 이것이 입에서 입으로 전해지면서 영감을 불러일으킨 결과, 8천에서 만 명 정도의 예언자가 도핀, 비바레 그리고 세벤 지역에서 나왔다. 그들은 남녀노소 할 것 없이 모두 미래를 예언하였다. 심지어 그 전까지는 그 지방 사투리 밖에는 몰랐던 세 살짜리 아이도 황홀경에 빠져서 프랑스어를 놀라울 정도로 술술 구사하였다[『최면술(Hypnotism)』; 프레드릭 비에른스트룀(Fredrik Björnström)].

이처럼 이런 일들이 비일비재할 뿐만 아니라 대중의 마음속에는 엄청난 힘이 숨겨져 있음을 확인하였다. 실용을 최선으로 추구하는 미국으로서는 당연히 보이지 않는 거대한 흐름을 인류의 보편적 행복에 연결할 수밖에 없다. 그렇게 함으로써 미국은 시대에 뒤떨어진 연극을 다시 살아나게 하고, 진정 미국적인 이상에 바탕을 둔 가장 미국다운 연극을 창조할 수 있을 것이다. 그러나 이러한 임무를 수행하기 위해 유럽이나 과거를 바라본다면 그 목표를 달성하지 못할 수도 있다. 따라서 오히려 누구에게나 가장 완벽한 순서에 따라 결과에 영향을 미치는 수단이 있음을 기억하여, 가장 일반적인 전제로부터 출발하고자 한다. 그러면 무익한 비평을 한다는 숨 막히면서도 엄청난 노동으로부터 완벽하게 해방되어 승리의 영예를 맛볼 수 있을 것이다.

한마디 더 하자면, 비평가와 극문학자들은 치료적 연극이 연극 발전 단계의 당연한 진행 과정이라고 보는 나의 의견에 동의하지 않을 수도 있다. 그러나 반박하기에 앞서 연극이 본질적으로 종교적이라는 사실을 돌아보자. 물론 연극의 기원이 종교와 무관하게 독립적으로 발생하였다는 수많은 나라가 있지만, 그것은 언제나 일종의 예배 형식에서 비롯되었다. 또한 생물학적 종(種)의 발달이나 제도의 발달이나, 발달 자체는 언제나 순환하며, 각각의 순환은 이전 단계의 출발점을 재현하지만 항상 더 높은 수준으로 발전한다는 사실을 명심하자.

물질에 관한 원자, 미립자 및 전자 이론

인간의 정신은 항상 조화로운 우주를 요구해 왔다. 즉, 겉으로 보기에도 전혀 무관한 요소들의 우연한 결합이 아니라 그 자체로 단일체인 우주인 것이다.

이러한 기본적인 직감은 중세 시대에 널리 알려진 물질의 변환성에 관한 이론에서 찾을 수 있다. 그 덕분에 연금술사들은 만지기만 하면 귀중품이 된다고 하는 '현자의 돌'을 끝없이 찾아 헤맸던 것이다. 오늘날의 관점으로 볼 때, 나폴레옹 전쟁 이후까지도 몇몇 사람이 실제로 이러한 변환의 업적을 달성하였다고 주장한 것은 무척이나 흥미롭다.

그런데 각각의 원소들이 화합물로부터 분리되고 연금술이 화학에 융합되면서 연구자들 사이에서 이에 대한 회의적인 생각이 일어났으며, 그들은 물리적 · 형이상학적인 추측보다는 이미 알려진 법칙을 실제로 적용하는 것에 전념하였다. 이후 물질에 대한 '원자론'이 제시되었는데, 그것은 다음과 같은 방식으로 이루어졌다.

그들은 수소, 산소, 염소, 칼슘, 철, 금과 같은 원소들이 서로 적당한 비율로 결합하여 고정 상태로 남아 있다는 것을 관찰하였다. 예를 들어, 수소 2개가 황 1개와 산소 4개와 결합하면 황산(黃酸)이 생성된다. 만약 이 원소 중 적정량을 초과하는 것이 하나라도 있다면, 화학 작용이 중단된 후에도 그 초과 분량은 남는다.

이 일정 비율의 현상을 설명하기 위해서 각각의 원소들이 일정한 내부 구조를 지닌다고 가정할 필요가 있었다. 결과적으로, 과학은 그 원소들이 '원자'라고 부르는 미세한 입자로 구성된 것으로 보게 되었다. 이러한 관점을 취하였을 때, 앞서와 같은 화학 반응에서 일정 비율의 현상은 황의 원자가 수소 원자 2개와 산소 원자 4개와 결합하는 힘을 가졌으며 그 이상을 넘어가면 안 되는 것으로 설명 가능하다. 이와 같은 원자의 조합 결과는 황산의 '분자'라고 명명하였다. 원자가 주어진 원소의 가장 작은 입자인 것처럼, 분자는 주어진 화합물 중 가장 작은 부분을 말한다. 분자의 구조와 그 구성 원자가 결합되는 비율은 황산의 화학 기호인 H_2SO_4로 알려졌다.

1815년 영국의 화학자 프라우트(Prout, '더 알아보기' ① 참조)는 다양한 원소의 원자 사이에는 근본적인 관계가 있다고 발표하였다. 그것은 결과적으로 변환이라는 중세 시대 꿈을 되살리는 듯하였다. 그는 가장 가벼운 물질인 수소 원자의 무게를 1로

하였을 때, 다른 많은 원소의 원자 중량을 정수로 표시할 수 있다고 보았다. 산소 원자는 16배, 수은 원자는 200배로 모두 수소 원자보다 무거운 것으로 나타났다. 그러므로 프라우트는 산소와 수은을 각각 16배와 200배씩 응축된 수소로 보는 것이 타당하다고 생각하였다.

그러나 곧 수많은 원소의 원자량이 정수로 산출되는 데 비해, 다른 많은 원소는 소수까지 산출된다는 것이 밝혀졌다. 따라서 프라우트의 이론은 폐기되었다.

이후 되베라이너(Döbereiner, '더 알아보기' ② 참조)는 원소들의 목록을 작은 집단들로 묶을 수 있음을 발견하였는데, 각각의 성분은 매우 유사한 성질을 가지고 있었다. 따라서 칼슘, 스트론튬, 바륨은 모두 한 집단으로 묶였고, 염소, 브롬, 요오드가 두 번째 집단으로, 황, 셀레늄, 텔루륨은 세 번째 집단으로 모아졌다. 이러한 원소들은 동일한 화합물을 형성하는 경향이 있었으며, 이들의 결합 비율이 다를 경우 다양해지는데 거기에는 정확한 패턴이 있었다.

1863년, 뉴랜즈(Newlands, '더 알아보기' ③ 참조)는 원소들을 수소 1로 시작하여 우라늄 240까지 원자의 중량 순서에 따라 나열한다면, 그 원소들은 음악에서 말하는 옥타브 음과 같이 나뉘며 각 옥타브 사이에는 7개의 원소가 있다고 발표하였다. 이러한 관찰은 이후 가장 중요한 발견이 될 '주기율(週期律)'을 배태하고 있었다. 러시아의 멘델레예프(Mendeleev, '더 알아보기'

④ 참조)와 독일의 마이어(Meyer, '더 알아보기' ⑤ 참조)는 이를 토대로 거의 동시에, 그러나 각자 따로 주기율을 발표하였다.

이 두 명의 과학자는 원소에 의해 나타나는 성질이 '원자량의 주기 함수'라는 사실을 발견하였다. 이는 간단히 말하면, 다양한 물질의 화학적 특성이 각각의 원자의 무게가 증가함에 따라 주기적으로 되풀이된다는 것을 의미한다.

이제 더 냉철한 연구자들이 보기에도 프라우트가 의문을 품었던 것과 같이 다양한 원소의 원자 사이에 근본적인 관계가 있다는 것이 명백해졌다. 또한 그것이 수치 관계이고 몇몇 원자는 부분적인 측면을 가지고 있었기 때문에, 주기율에 의해 부과된 조건을 만족시키기 위해서는 원자보다 더 작은 무엇인가가, 즉 원자 그 자체를 만들 수 있는 어떤 것이 존재한다고 가정해야 한다는 것도 분명해졌다.

그러나 이 무한히 미세한 입자들을 발견하는 영광은 화학자들이 아니라 검전기(檢電器)를 이용하여 이를 처음 발견한 물리학자들에게 돌아갔다.

검전기는 매우 민감하지만 단순한 장치이다. 그것은 금속 막대 끝에 부착된 잎사귀 모양의 금박 두 개가 안에 걸려 있고 막대는 유리병 마개 위로 나와 있는 형태로 구성된다. 대전체가 금속 막대에 가까이 오면, 전하는 막대를 통해 잎사귀 모양의 금박에 전달된다. 이때 금박에 전기가 통하여 서로 벌어지므로 그 사이의 각도를 측정할 수 있다. 이것이 전달된 전하량(電荷

量)을 측정하는 각도의 양이다.

검전기 실험을 통해, 일상에서는 전기가 잘 통하지 않는 공기가 양초의 불꽃 근처에서는 매우 훌륭한 전도체가 되었다는 것이 밝혀졌으며, 그것은 검전기에서 방출된 힘을 전달하여 금박 잎사귀를 갈라지게 하였다. 그러나 촛불은 이러한 방식으로 공기에 영향을 미치는 유일한 매개체가 아니었다. 빛나는 금속이나 자외선의 작용에 노출된 금속과의 접촉도 이와 유사한 특성을 지니고 있었다. 또한 전기의 방출은 주변 공기를 전도체로 만들 수 있으며, 방출이 중단된 후에도 이러한 전도성은 남아 있었다. 심지어 어떤 요소들이 있다는 것만으로도 비슷한 효과를 낳았으며, 물을 뿌려서 거품을 내는 간단한 방법이 공기에 정전하(靜電荷)를 분산시키는 힘을 준다는 사실도 밝혀졌다. 사실, '특수 상황에 있는 모든 형태의 물질과 모든 상황 속 물질의 특별한 형태'가 이러한 방식으로 공기에 영향을 미치는 것으로 밝혀졌다.

그러나 더욱 놀라운 점은 이 후천적인 전도성은 유리솜뭉치와 같은 적절한 필터를 통해 공기를 통과시킴으로써 제거할 수 있다는 것이다.

이때 공기에는 분명히 무엇인가가, 즉 그것이 접촉한 물질의 형태에 의해 생겨난 것이 있었다. 그것은 입자의 본질에 있는 것으로, 여과를 거쳐 제거될 수 있으며 이 현상을 일으키는 원인이었다. 이런 방식으로 기체 '이온'이 발견되었다.

이어서 양전하의 검전기와 음전하의 검전기로 실험한 결과, 이온은 두 종류라는 사실이 밝혀졌다. 하나는 정전기의 음전하를 분산시킬 수 있는 힘을 가지고 있는 것으로 그 자체가 양전하된 것을 말한다. 그리고 다른 하나는 양전하를 분산시킬 수 있는 힘을 가지고 있는 것으로 음전하된 것을 말한다. 양전하 이온은 여전히 이온이라고 불린다. 이에 대해 알려진 것이라고는 그것들이 양전기적 성질을 배반한다는 것 외에는 거의 없다. 그리고 질량이 거의 또는 전혀 없다는 것, 그럼에도 불구하고 그것들은 화학의 단위인 수소 원자의 크기 정도로 보인다는 것 정도가 알려져 있다. 그러나 음이온에 관해서는 꽤 많은 것이 알려져 있다. 그것은 중요한 것이기 때문에 특별한 이름이 붙여졌다고 하며, '입자'라고 불린다.

입자에 대해 이처럼 많이 알려진 이유는 가열된 금속판에서 방출되거나 크룩스관의 음극에서 발사되든지 혹은 어디에서 나온 것이든 간에 이 작은 입자들의 빛줄기가 자기 응력에 의해 휘어질 수 있기 때문이다. 과학자들은 정교하고 매우 민감한 기구를 사용하고 알려진 자기력을 적용하여 쉽게 측정할 수 있는 아크(arc)를 통해 그러한 빛줄기(beam)의 방향을 바꾸었다. 그리고 편향력의 양과 결과적으로 형성된 아크의 반경으로, 입자가 이동한 속도를 계산할 수 있었다. 그것은 광속의 절반에 가까운 속도 혹은 대략 초당 90,000마일의 속도로 엄청난 것으로 밝혀졌다.

다음으로 각 입자가 운반하는 전하가 정해지는데, 이러한 계산법으로 습한 공기에서 구름이 형성되는 것과 같은 독특한 특성을 파악할 수 있다. 그리고 속도와 전하를 확인하면 입자의 질량을 알아낼 수 있다. 입자는 어떤 근원에서 추출되었든 간에 일정한 양을 지니는 것으로 판명되었다. 즉, 수소 원자의 질량보다 대략 1,000배나 작은 질량을 가지고 있다.

이처럼 물리학자들은 입자에서 화학자들이 필요로 하는 것을 발견하였다. 그들은 가장 작은 원자보다 1,000배 정도 아주 작은 입자를 찾아냈으며, 모든 원자와 물질은 그것으로부터 만들어진 것으로 볼 수도 있다. 또한 만약 이것이 사실이라면, 각 원소를 바로 옆 원소에 대한 수치적 관계와 더불어 쉽게 조사하였을 것이다. 그런데 원소의 원자들은 과연 이 작고 음전하를 띤 작은 입자들로 만들어졌을까?

이 문제는 라듐의 발견으로 해결되었다. 라듐은 원소로서, '원소 표'에서 원자량이 226.4인 자리에 위치한다. 게다가 그것은 질량과 비교하였을 때 엄청난 속도로 에너지를 지속적으로 방출하기 때문에 놀라운 동적 성능을 지닌다. 이 에너지는 여러 가지 형태를 취한다. 그것은 열로 나타나는데, 이 열은 라듐염의 표본 온도를 주변 물체의 온도보다 몇 도 높게 유지하기에 충분하다. 그것은 또한 움직임으로 나타나 주변 공기로 전달되며, 뢴트겐선이나 X선 전구에서 방출되는 것과 여러 면에서 유사한 광선을 발사한다. 이 모든 특성은 '방사능'이라는 일반적인 명칭하에 요약되어 있다.

방사능 현상은 발견 당시에는 원자 붕괴라는 가정에서만 설명될 수 있었다. 라듐의 원자들은 마치 시한폭탄과도 같았다. 그것은 정해진 순간에 원자 내 에너지의 방대한 저장고를 방출하여 폭발하는 것처럼 보였다. 앙리 베크렐(Antoine Henri Becquerel, '더 알아보기' ⑥ 참조)은 라듐이 아니라 방사능을 최초로 발견한 학자로, 그는 이러한 가정을 염두에 두고서 라듐 광선을 분석하기로 하였다. 그는 그것을 자기 비틀림(magnetic torsion)으로 다룸으로써 성취하였다.

베크렐은 라듐염의 표본에서 방출된 광선이 두 개의 광선으로 갈라진 것을 발견하였다. 한 광선은 기계적 강도의 영향을 받지 않는 것처럼 보였고, 다른 광선은 크게 꺾였다. 베크렐은 크게 꺾인 것을 '베타선'이라고 불렀다.

그 후 러더퍼드(Rutherford, '더 알아보기' ⑦ 참조) 교수는 거대한 자기장을 적용하여 그때까지 꺾이지 않은 광선의 전자를 두 부분으로 나누는 데 성공하였는데, 그중 하나는 굴절되고 다른 하나는 그렇지 않았다. 그런데 이 두 번째 굴절 부분은 베타선이 그랬던 것처럼 자기극 쪽으로 끌리지 않고 튕겨져 나왔다. 이것을 '알파선'이라고 불렀다. 그리고 항로를 이탈하지 않는 잔류선을 '감마선'이라고 불렀다.

검전기를 이용하여 추가 조사한 결과, 베타선이 초의 불꽃, 뜨거운 금속, 진공관의 음극에서 방출되는 것과 동일한 음전하 입자의 빛줄기에 지나지 않는다는 사실을 밝혀냈다. 이와 반대로 알파선은 양전하 이온으로 구성되며, 세 번째의 꺾이지 않은 감마선은 이온과 입자의 진동에 의해 공기에 설정된 파동 운동으로 나타났다.

따라서 라듐 원소는 어쨌든 이온과 입자들의 마지막 분석에서 구성되는 것으로 밝혀졌다. 1904년 이 증명은 다른 원소로 확장되었는데, 거기에서는 방사능의 특성이 전혀 나타나지 않았다. 그것은 다음과 같은 방식으로 이루어졌다.

라듐 주변에 남아 있는 물질 자체가 준-방사능을 획득하는 것으로 관측됐다. 조사 결과, 이것은 라듐이 발산하는 어떤 것 때문이었다. 그것은 앞서 언급한 광선과 달리 철두철미하게 광선이 아니라 가스처럼 움직인다는 사실이 밝혀졌다. 이것을 '라듐 방출'이라고 하였다. 그리고 1904년 여름, 윌리엄 램지(William Ramsey) 경과 소디(Soddy)는 이 방출을 포함한 공기의 분광학적 분석을 하였다. 처음에 그들은 스펙트럼에서 방출의 원인이 되는 선들을 발견하였다. 그러나 몇 시간 동안 계속 계측기를 운용하자, '헬륨'의 스펙트럼이 선명하고 명확하게 나타났다.

헬륨은 원자량 4인 원소이다. 그것은 약 30년 전 태양에서 발견되었다. 후에 그것은 지구상에도 소량으로 존재하는 것으로 밝혀졌다.

여기에서 중세 연금술사의 꿈은 실현되었다. 즉, 원자량이 226.4인 원소 라듐이 원자량이 4밖에 되지 않는 헬륨으로 변환된 것이다. 또한 확실히 라듐과 헬륨은 모두 이온과 입자로 구성되었다.

이러한 현상에 주목함으로써 과학자들은 물질에 대한 '입자설'을 제시하였다. 이 이론은 원자론의 포기가 아니라 확장과 관련된다. 입자설은 모든 물질을 단순히 입자의 복합체로 보기 때문에 수소 원자와 수은 원자의 차이는 구성 요소 간에 있는 숫자의 차이에 불과하다. 이를 근거로 정량이 1.008인 수소 원자는 1,008개의 입자로 구성되며, 정량이 200인 수은 원자는 200,000개의 입자로 구성된다.

그러나 입자는 모두 음전하를 띠며, 수많은 유사 전하를 띤 몸체들은 대등하거나 상반되는 전하와 어울려야만 평형 상태를 유지할 수 있다는 것을 주목하자. 그리고 원자에서 구조의 안정성에 필요한 양전하는 이온에 의해 공급되는데, 여기에서 기억할 점은 이온이 눈에 띄는 질량을 가지고 있지 않으며, '양전하 구체'로 가장 잘 설명될 수 있다는 것이다.

톰슨(J. J. Thomson, '더 알아보기' ⑧ 참조) 교수는 수학적 근거로 입자들을 어떻게 이 양 구체 안에 배열하는지 보여 주었다. 그리고 마이어(Mayer, '더 알아보기' ⑨ 참조) 교수는 부동자기(floating magnetics)로 아름다운 유사체를 만들어 냈다. 이러한 계산과 실험의 결과는 모든 면에서 태양계와 유사한 구조를 가진 원자를 조사하는 것이었다. 거기서 빠른 궤도 운동을 하는 입자들은 행성과 일치하고, 양전하 구체는 중력의 구심점과 일치한다.

물질의 일반적인 정의를 '질량을 소유한 것'으로 받아들인다면, 앞에서 언급하였듯이 물질을 구성하는 요소 중 하나만 물질성 검사에 부합한다는 것은 명백하다. 이것이 바로 입자이며, 이온은 단지 영향력(influence)의 구체이다.

그러나 1881년으로 거슬러 올라가면, 톰슨 교수는 다이너모 전기자가 자기장에 항력을 발생시켜 회전이 점점 더 어려워지는 것처럼, 움직이는 전기 전하가 그것이 움직이는 공기에 항력을 발생시킨다고 지적하였다. 이 항력 또는 움직임에 대한 저항은 전하가 물질의 특성인 관성, 무게 또는 질량을 갖는 것처럼 보이게 한다. 이후 올리버 로지 경(Oliver Joseph Lodge, '더 알아보기' ⑩ 참조)은 질량의 몸체에서 전하를 다양한 속도로 운반할 때 관성의 증가가 얼마나 될지 계산하였다. 그는 빛은 초당 186,000마일의 속도로 이동하는데, 절반의 속도에서 질량이 분명히 증가하는 것은 휴식 상태에 있을 때 몸체의 실제 질량의 0.12와 동일하다는 것을 발견하였다. 빛의 속도의 0.9에서 몸은 1.8배 무거운 것처럼 행동하고, 빛의 속도의 99%에서 질량은 3.28배 큰 것으로 나타난다. 99.5%에서 숫자는 갑자기 5배로 뛰어올랐고, 99.5%와 실제 빛의 속도 사이에서는 5배에서 무한대로 뛰어올랐다.

앞서 언급하였듯이 어떤 물질의 작은 입자도 빛보다 빠른 속도에 도달할 수 없다는 것은 명백하다. 시작할 때 그것은 입자

크기에 불과하였지만, 그것이 빛보다 더 빠른 속도에 도달하는 것으로 생각한다면, 이는 또한 우주보다 더 큰 질량을 얻었다고 상상해야 한다.

1881년 톰슨 교수와 올리버 로지 경은 이러한 내용을 밝혀냈지만 이에 대해 언급된 것은 거의 없었다. 당시에는 물질의 어떤 입자도 알 수 없었으며, 그 어디에서도 이처럼 엄청난 속도에 근접한 것으로 알려진 것은 없었기 때문이다. 하지만 이후 이러한 입자들은 때때로 초당 90,000마일의 속도를 내는 입자에서 발견되었다.

이 발견과 더불어 놀라운 생각이 지식 차원을 넘어 섬광처럼 나타났다. 과학자들은 입자의 전체 질량, 즉 물질 안에 있는 유일한 물질적 요소 그 자체가 전하와 그 움직임에 의한 것일 수도 있다고 생각하게 된 것이다. 이에 따라 소위 물질의 '전자 이론'이 발생하였다.

전자 이론은 원자 이론과 입자 이론 중 어느 하나도 포기하지 않는다. 그것은 모순되지 않지만 둘 다 포함한다. 그것의 구별되는 특성은 입자의 질량을 전적으로 그것의 움직임과 전하에 기인하는 것으로 본다는 점이다. 이 관점이 맞다면, 이는 모든 요소 그리고 결과적으로 모든 물질이 일차 에테르에 존재하는 전기 및 운동 조건 이상도 이하도 아니라는 것을 의미한다.

전자 이론에 도달하면서 지난 10년간의 과학은 많은 부차적인, 그럼에도 중요한 추론을 만들었다. 이 중 가장 중요한 점은

'진화 가설'을 확장시켜 유기체뿐만 아니라 무기체 세계도 포함시키는 결과를 가져온 것이다. 우주물리학에서는 노먼 로커 경(Norman Lockyer, '더 알아보기' ⑪ 참조)의 연구가 크게 기여하였다.

로커 경은 고정된 별들의 분광학적 분석을 통해 천체의 화학적 구조가 그들의 온도와 직접적으로 다름을 발견하였다. 차가운 별에는 지구에서 흔히 볼 수 있는 무거운 원소들이 많이 있었다. 그러나 온도가 더 큰 태양의 온도까지 올라가면서 화학적인 성질은 덜 복잡해졌으며, 가장 뜨거운 곳에서는 수소 같은 가장 가벼운 원소, '원 수소'라고 알려진 수소의 형태만이 나타났다. 이는 생물학적 세계에서 종이 종에서 진화하고 실험실 헬륨도 라듐에서 진화한 것과 같이, 온도가 상승 또는 하락함에 따라 원소가 원소로부터 진화하였다는 것을 보여 준다.

그러나 로커 경은 입자 이론과 전자 이론을 남긴 모든 저명한 물리학자들과 마찬가지로 분명히 '에너지 보존'의 헬름홀츠(Helmholz) 이론이 옳았다고 추정하였다. 이 이론은 우주에 일정한 양의 에너지가 존재한다고 가정한다. 그것은 열 방출로 확산될 때까지 한 형태에서 다른 형태로 변환될 수 있지만 그럼에도 불구하고 칼로리의 백만 분의 일만큼도 증가하거나 감소할 수 없다.

그러한 가정하에 작업한 결과는 불가피한 것이었다. 즉, 그들은 모두 죽어 가는 우주를 연구하였던 것이다. 그 우주에는 흔히 상상하듯이 천지창조가 이루어지던 시기에 일정량의 에너지가 소량으로 흩어졌다고 하는데, 그것은 파괴된 것이 아니라 방사능으로 단순 유용성 수준을 능가하여 우주 전체에 퍼졌다는 것이다. 그들의 주장에 따르면 태양은 계속해서 열을 방출하고 있으므로 결국 언젠가는 차가워지고 만다. 많은 학자가 천체의 용광로가 얼마나 오래 버틸 수 있을지 계산하였고, 태양계가 영원한 정체 상태로 전환될 대략적인 날짜까지 산출하였다. 따라서 노먼 로커 경은 유성 간에 진화하는 순서는 분명히 가장 뜨거운 것에서부터 시작하여 가장 차가운 것으로 이어진다고 추정하였다.

현재 우리가 관심을 갖는 유일한 요점은 이것이다. 19세기 물리학 전체 구조의 기초가 된 보존 이론은 오늘날 주로 미국 과학자들의 연구를 통해서 가장 비판적인 조사 대상이 되었다.

프랑스 학자 바비네(Babinet, '더 알아보기' ⑫ 참조)는 이성을 무기 삼아 세계의 기원에 대한 라플라스 이론(La Placian Theory)을 철저하게 무너뜨렸다. 왜냐하면 헬름홀츠는 라플라스의 '성운 가설'이 진전되기 전까지는 보존 이론을 공식화하지 않았지만, 그럼에도 불구하고 보존 법칙을 전제로 하였기 때문이다.

라플라스는 태양계가 거대한 백열 성운에서 기원하였다고 주장하였지만, 그 설명이 전적으로 수용되지는 않았다. 그에 따르면 이 성운은 방사능에 의해 열을 잃고 수축하여 결국에는 성장하는 행성들로 둘러싸인 중심 태양으로 응축되었다. 냉각이 계속되면서 몇몇 행성, 적어도 지구에서는 사람이 살 수 있게 되었고, 생명체가 출현하였다고 추정하였다. 그러므로 중심체의 열은 태고의 백열광에서 비롯되었으며, 그 미래는 어둡고 차가운 별이 되는 것으로 보았다.

1861년 바비네는 태양과 그에 딸린 세계의 질량을 계산하고 결합하여 해왕성의 궤도와 동일한 반경을 가진 구체로 확장하였다. 가장 바깥쪽 행성인 해왕성은 태양에서 2,791,600,000 마일 떨어진 곳에서 공전한다. 바비네는 사용 가능한 물질이 그 거대한 공간에 흩어져 있을 때 매우 약한 몸체의 평균 밀도가 얻을 수 있는 가장 완벽한 진공의 평균 밀도보다 다소 낮다는 사실을 발견하였다. 결과적으로 그는 그것의 평균 온도가 근사치의 백열광이 아니라, 우주 공간의 절대 제로 값에 훨씬 더 가깝다는 것을 알았다.

따라서 씨(See) 교수를 비롯한 현대 천문학자들은 성운 가설이 1912년 후반까지 대학 교과서의 기초를 제공하였지만, 더 이상 그 가설을 지지할 수 없다고 선언한다.

이처럼 성운 가설이 천문학자들로부터 배척되는 것과 동시에, 젊은 물리학자들은 무의식적으로 전제되었던 보존 법칙에 대해 심각하게 의문을 제기하기 시작하였다.

그들은 결코 죽어 가는 우주나 열의 손실로 인해 차가워지는 태양을 고려하지 않는다. 반대로, 그들은 '물질이 거대하게 응축될 때 물질의 조건'으로서 방사 에너지의 생산을 본다. 일례로 태양이 뜨거운 이유는 누군가 가정하였듯이 태고의 백열광이나 그 이후의 수축에 의해서가 아니며, 아주 단순히 그 자체의 거대한 질량 때문이라는 것이다. 그들이 보기에 태양의 열은 시시각각으로 진화한다. 부분적으로는 아마도 떨어지는 유성 물질의 충격에 의해, 그러나 주로 그 내부 층에 대한 바깥의 압력에 의해 진화한다. 마치 그들이 지구의 내부 열이 내부에 대한 지각의 압력으로부터 발생한다고 생각하는 것처럼 말이다. 이 열은 '중력 열'이라고 불리는데, 그것을 생성하는 힘은 운동 에너지가 아니라 위치 에너지이다. 즉, 운동이 정지되는 순간 열에 소멸되는 충격 에너지가 아니라 지속적인 충격인 압력의 에너지인 것이다. 이제 주목할 점은 압력으로 인한 열이 소진될 수 없다는 것인데, 왜냐하면 압력이 지속되는 한 열이 발생되기 때문이다.

그러므로 이러한 근거로 '죽은'이라는 용어가 이전의 열 손실을 의미한다면, 모든 어두운 별과 '죽은' 행성은 죽지 않는다. 도리어 그것들은 어느 때보다도 지금 더 뜨겁다. 만약 언젠가 물질의 축적을 통해 충분한 질량을 얻어야 한다면, 그것들은 갑자기 불꽃처럼 폭발할 것이고 그 자체의 거대한 무게에 의해 융합될 것이다.

이러한 개념은 우주 전체의 에너지 양이 매 순간 소비되고 순간마다 철저하고 완벽하게 재생되는 것으로 보는 것으로, 반세기 동안 과학의 원동력을 깎아낸 보존 이론과는 거리가 멀다.

아마도 앞으로 몇 년 안에, 이와 동일한 개념이 현재 일반적으로 수용되는 방사능의 원자 분해 이론을 대체할 것이다. 원소 표를 참조하면 방사성 물질이 가장 밀도가 높은 물질 형태인 원자임을 알 수 있기 때문이다. 그렇게 되면 과학자들은 '방사능의 조건이 질량의 함수'라고 가정할 것이다. 이러한 기대는 무척 흥미롭다.

이제 보존의 법칙을 떠나보내기 전에, 이 후기 사상가들이 19세기의 죽어 가는 우주와 구별되는 자기 유지, 자기 진화의 우주 개념에 도달하는 지적 과정에 주목하고자 한다.

물론 잠재력에 차이가 없는 한 어떤 일도 가능하지 않다는 것은 명백하다. 태양은 지구보다 더 뜨겁다. 이 온도차가 '잠재력의 차이'를 구성하는데, 잠재력은 모든 형태의 생명체와 우리에게 친숙한 에너지의 모든 특별한 징후를 유발한다. 그리고 전자 이론에 따르면 에너지의 모든 형태와 징후는 1차 에테르에 존재하는 조건들이기 때문에, 에테르 자체가 스스로 균형을 바꾸는 능력을 인정하고 그 안에서 잠재력의 차이를 확립해야 한다는 것이 분명하다. 우리가 자연에 관해 다룰 때, 자연 법칙이 동시에 작동한다고 생각하는 것은 순전히 학문적이고 근거도 부족하다. 그런데 이것이 바로 지난 세기의 사상가들이 하였던 일이다. 그들은 잠재력의 차이가 존재한다고 인식하였지만, 그러한 차이를 발생시킨 원인은 태고의 시작점에서만 작동하는 것으로 간주하였다. 그러나 오늘날 우리는 자연 법칙을 조금이라도 생각한다면, 그것이 '매순간' 중력의 법칙처럼 작용하는 것으로 받아들여야 한다는 사실을 알고 있다. 결과적으로 구성 요소 간의 잠재적 차이를 확립하고 유지하는 것이 자연 고유의 특성이며, 에테르 자체처럼 보편적이라고 추론하는 것이다.

의심할 여지없이 바로 이런 필요성에 의해 오늘날 과학자들은 태양을 차가운 것으로 생각하지 않고 그 자체의 강력한 노력 덕분에 뜨거워진 것으로 본다. 이때 대기권 밖 공간의 무서운 추위는, 마치 건전지에 음극이 필요한 것처럼 태양의 적이 아니라 동반자와도 같다.

만약 이러한 관점이 인정을 받아 태양계에서 원자로 옮겨진다면, 우리는 그 구조에 관여하는 세 가지 원소를 갖게 된다. 그중 하나는 x라고 부를 것이다. 이것은 원자가 존재하는 덕분에 양이온과 음성 미립자 사이에서 극히 일부의 잠재적 차이를 유지하며, 미립자의 궤도 운동으로 그리고 방사성 물질에서 감마선으로 나타난다. 다른 두 가지는 이온과 미립자 그 자체이다. 만약 원자를 인간에게 적용하여 진화 과정으로 확장되는 것으로 본다면, 이 원소들은 '창의적 요소' '수용적이고 실행적인 요소' 그리고 '신체적 도구'가 된다.

이 이론에 대해 보다 자세히 알고 싶다면 R. K. 던컨(R. K. Duncan)의 『새로운 지식(The New Knowledge)』과 G. H. 레퍼(G. H. Lepper)의 『성운에서 성운으로(From Nebula to Nebula)』를 추천한다.

더 알아보기

① 윌리엄 프라우트(William Prout, 1785~1850)
영국의 화학자. 1815~1816년 수소는 다른 원소를 구성하는 기본적 물질이라는 '프라우트의 가설'을 주장하였다.

② 요한 볼프강 되베라이너(Johann Wolfgang Döbereiner, 1780~1849)
독일의 화학자. 1829년 주기율표가 만들어지기 전 비슷한 성질의 원소를 3개씩 묶은 3조원소의 존재를 통해 화학 원소를 분류하였다.

③ 존 뉴랜즈(John Alexander Reina Newlands, 1837~1898)
영국의 화학자. 1865년 원자량의 순서에 번호를 매기다가 성질이 닮은 원소가 8번째마다 나타남을 발견하였고, 이를 음계에 비유하여 '옥타브의 법칙'이라고 하였다.

④ 드미트리 이바노비치 멘델레예프(Dmitrii Ivanovich Mendeleev, 1834~1907)
러시아의 화학자. 1869년 최초의 주기율표를 발표하였다.

⑤ 율리우스 로타르 마이어(Julius Lothar Meyer, 1830~1895)
독일의 화학자. 1869년 원자 부피의 원자량에 대한 주기적 변화를 나타낸 그래프를 발표하여 멘델레예프의 이론을 발전시키고 주기율표를 개선하였다.

⑥ 앙투안 앙리 베크렐(Antoine Henri Becquerel, 1852~1908)
프랑스의 물리학자. 1896년 퀴리부부보다 앞서 우라늄염에서 방사능을 발견하였다. 1903년 퀴리부부와 함께 노벨 물리학상을 받았다. 현재 방사선을 방출하는 능력인 방사능을 측정하는 국제단위(SI)인 베크렐(Bq)은 그의 이름에서 기인한다.

⑦ 어니스트 러더퍼드(Ernest Rutherford, 1871~1937)
영국의 물리학자. 1902년 방사능이 물질의 원자 내부 현상이며 원소가 자연붕괴

하고 있음을 지적하여 물질관에 커다란 변혁을 가져왔다. 1908년 노벨 화학상을 받았으며, 1911년 원자핵을 발견하고 러더퍼드의 원자 모형을 발표하였다.

⑧ 조셉 존 톰슨(Joseph John Thomson, 1856~1940)
영국의 물리학자. 1897년 처음으로 전자를 발견하였다. 1903년 원자가 음전기 성분과 양전기 성분으로 이루어졌다는 원자 모형을 발표하였고, 1906년 노벨 물리학상을 수상하였다.

⑨ 율리우스 로베르트 폰 마이어(Julius Rovert von Mayer, 1814~1878)
독일의 의사, 물리학자이자 열역학 창시자 중 한 명. 1841년 열역학 제1법칙인 열도 에너지의 한 형태이며 열을 포함하여 에너지의 총량은 변하지 않는다는 '에너지 보존법칙'을 확립하였다.

⑩ 올리버 로지(Oliver Joseph Lodge, 1851~1940)
영국의 물리학자. 열과 전기를 연구하였으며 전자기파 수신실험을 통해 무선전신 연구의 길을 열었다. 라디오의 주요 특허를 개발하고 보유하였다.

⑪ 조셉 노먼 로커(Joseph Norman Lockyer, 1836~1920)
영국의 천문학자. 1866년 태양 흑점과 코로나의 분광을 측정하였고, 1868년 태양 홍염 관측법을 새롭게 창안하였다. 또한 태양 흑점과 지구 기상과의 관계에 대해서도 연구하여 태양물리학과 항성물리학에 공헌하였다. 1869년 유명한 과학 잡지인 「네이처(Nature)」를 창간하였다.

⑫ 자크 바비네(Jacques Babinet, 1794~1872)
프랑스의 물리학자, 수학자, 천문학자. '바비네의 원리'로 광학에 공헌하였다. 바비네의 원리는 크기와 형상의 동등성을 감지하는 데 가장 많이 사용된다.

참고문헌

Psychanalysis; A. A. Brill.

On Dreams; Sigmund Freud

The Psychopathology of Everyday Life; Sigmund Freud.

Human Personality; F. W. H. Myers.

Psychotherapy; Hugo Münsterberg.

The Psychology of Suggestion; Boris Sidis.

Hypnotism and Its Application to Practical Medicine; A. G. Wetterstrand.

Animal Magnetism; Binet and Féré.

Hypnotism; Fredrik Björnström.

History of the Supernatural; William Howitt.

The Lost Language of Symbolism; Harold Bayley.

A New Light on the Renaissance; Harold Bayley.

The Huguenots; S. Smiles.

Decline and Fall of the Roman Empire (Chapter LIV); Edward Gibbon.

The Edinburgh Lectures; T. Troward.

참고문헌

Bible Mystery and Bible Meaning; T. Troward.

The Golden Bough; J. G. Frazer.

Biography and Discoveries of T. J. J. See; W. L. Webb.

The New Knowledge; Robert Kennedy Duncan.

From Nebula to Nebula; George Henry Lepper.

The Earth; Its Origin and Evolution; A. T. Swaine.

Growth of the English Drama from the Liturgy of the Church; Mary Angelique.

Greek and English Tragedy; Gilbert Murray.

The Origins of the English Drama; A. W. Ward.

Encyclopedia of Ethics and Religion.

The Upanishads.

찾아보기

인명

내용

저자 소개

Stephen Finis Austin

1889년 출생하였으며, 1917년 스물여덟 살에 이 책을 출판하였다는 사실 외에는 알 수 없었다. 그러나 이 단 한 권의 저서를 통해 한 청년의 조국과 연극에 대한 무한한 사랑을 확인할 수 있다. 그 당시 황무지에서 아무도 가지 않은 새 길을 개척하기 위한 그의 노력과 열정에 존경을 표한다.

역자 소개

박미리(Park Mi Ri)

이화여자대학교 불문학과 박사

현　용인대학교 연극학과, 일반대학원 예술치료학과 명예교수

　　한국연극치료협회 초대회장 및 한국연극예술치료학회 회장 역임

〈저서 및 역서〉

감정 모델 연극치료(학지사, 2013)

발달장애와 연극치료(학지사, 2009)

연극치료의 진단평가(공역, 학지사, 2013)

〈논문〉

불안장애 증상완화에 관한 연극치료 고찰(연극예술치료연구, 2021)

연극적 몸의 자기인식 기여에 관한 고찰(연극예술치료연구, 2018)

〈바리공주〉를 통해 본 치료사의 자질(문학치료연구, 2018)

윤선희(Yoon Sun Hee)

용인대학교 예술치료학과 박사

현　용인대학교 문화예술대학원 연극치료학과 교수

전　한국연극치료협회 사무국장

〈논문〉

성인 여성의 심리적 자립을 위한 연극치료 사례연구(문학치료연구, 2022)

노년 · 청년 간 세대교류를 위한 연극교육 연구－지역사회 · 대학교 협력모델 제안(공동, 연극예술치료연구, 2020)

연극치료 방법론의 국내 독자 모델 필요성에 대한 제언(연극예술치료연구, 2020)

연극치료의 원리

Principles of Drama-Therapy

2023년 3월 10일 1판 1쇄 인쇄
2023년 3월 15일 1판 1쇄 발행

지은이 • Stephen Finis Austin
옮긴이 • 박미리 · 윤선희
펴낸이 • 김진환
펴낸곳 • (주)학지사
04031 서울특별시 마포구 양화로 15길 20 마인드월드빌딩
대표전화 • 02-330-5114　팩스 • 02-324-2345
등록번호 • 제313-2006-000265호

홈페이지 • http://www.hakjisa.co.kr
페이스북 • https://www.facebook.com/hakjisabook

ISBN 978-89-997-2889-1 93180

정가 14,000원

역자와의 협약으로 인지는 생략합니다.
파본은 구입처에서 교환해 드립니다.